GÜTERSLOHER
VERLAGSHAUS

Gütersloher Verlagshaus. Dem Leben vertrauen

FRANZ MEURER
PETER OTTEN

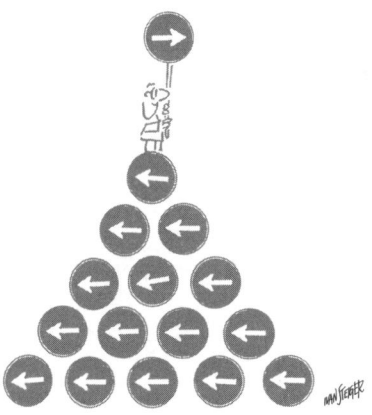

WENN NICHT HIER, WO SONST?

KIRCHE GRÜNDLICH ANDERS

GÜTERSLOHER VERLAGSHAUS

→ INHALT

→ VORGESCHICHTE

»Ich bin fast so klug, wie ich schön bin«
(Die Ärzte)

DER PROPHETISCHE FRISEUR
Von Franz Meurer

»Mit Kirche seh' ich scheiße aus« – eine typische Aussage
eines Jugendlichen, zitiert in der »Sinus-Milieu°-Studie
U27« von 2007: »Wie ticken Jugendliche?«.
Wer nicht gut aussieht, muss zum Friseur.
Mein Friseur heißt Salvo, ein Italiener mit einer lieben Frau
und drei Kindern, zwei Jungs und ein Mädchen. Die Söhne,
neun und 14 Jahre alt, spielen leidenschaftlich gern Fußball. Die Tochter ist erst drei.
Samstags organisiert Salvo in einer Sporthalle mit Kunst-
rasen Fußballturniere mit seinen Söhnen und zwanzig
ihrer Freundinnen und Freunde. Er sagt: »Ich kann mit
meinen Kindern nur samstagnachmittags und am Sonntag etwas unternehmen, sonst muss ich arbeiten. Ich will
die Freunde meiner Jungs kennenlernen. Sie kommen aus
sieben Nationen. Beim Sport geht es friedlich zu, weil die
Regeln stimmen. Klar, es kostet mich was, die Halle zu
mieten. Dafür spende ich sonst nicht so viel. Der Chef der
Halle ist nett, er macht uns zum halben Preis zwei Bleche
Fritten, Fußball macht ja hungrig.«
Salvo spielt als einziger Erwachsener auch selber mit. Er
sagt: »Der Grund ist, dass ich dann den Kindern den Ball

zuspielen kann, die nicht so oft angespielt werden, weil sie nicht so gut sind. Die guten Spieler finden das in Ordnung.«

Weil Salvo und seine Frau sehr fleißig sind, haben sie es zu einem kleinen Eigenheim geschafft. Auch mit intensiver Hilfe der Großeltern. Bei der Einsegnung des renovierten Hauses singen und beten wir. Danach gibt es Pizza. Original italienisch, also luftig und locker und nicht zu dick und fett belegt. Ich erzähle der Familie, auch die Oma und der Opa sind dabei, dass sie genau das leben, was der Herrgott will. Es könnte ein Gleichnis Jesu sein:

»Einer Familie ging es gut. Alle hielten zusammen. Doch sie behielten ihr Glück nicht für sich. Sie waren sehr gastfreundlich und hatten die Freundinnen und Freunde ihrer Kinder oft zu Besuch, auch über Nacht. Ja, sie kümmerten sich auch um Kinder, die es nicht so gut hatten. Weil sie ihr Glück teilten, war ihr Leben gesegnet.«

Was die Familie des Friseurs lebt, ist Hauskirche. Natürlich käme sie nie auf die Idee, es so zu nennen. Aus Dankbarkeit über ihr Glück lassen sie andere daran teilnehmen. Daraus wächst Gemeinschaft und bildet sich Gemeinde.

Das Klima der Gastfreundschaft spürt man auch im Friseursalon. Der Hausmeister von nebenan schaut auf einen Kaffee herein, der Ortspolizist erkundigt sich nach den neuesten Nachrichten aus dem Viertel.

Salvo hat einen jungen Mann mit Migrationshintergrund als Auszubildenden eingestellt, auch wenn ihm das finanziell nichts einbringt. Aber er will seine Handwerkskunst weitervermitteln.

Für unsere evangelischen und katholischen Kirchengemeinden sind Menschen wie Salvo wichtige Quellen der Inspiration. Sie machen sich nicht wichtig, sind es aber. Fromm formuliert: sie sind prophetische Menschen. Denn sie verkünden eine Botschaft von Gott. Teresa von Avila sagt: »Ob wir Gott lieben, wissen wir nie in unserem Leben ganz genau. Ob wir unseren Nächsten lieben, merkt man jeden Tag.«

»Mit Salvo seh' ich super aus.« Dies gilt nicht nur für seine Coiffeurkunst, sondern auch für seinen Lebensstil: solidarisch aus Dankbarkeit.

→ VORWORT

»Ich dreh mich um dich«
(Herbert Grönemeyer)

KIRCHE FÜR DIE MENSCHEN
Von Franz Meurer

Spätestens seit der Sinus-Milieu®-Studie – ein soziologisches Modell, das die Gesellschaft nach ihren Lebensauffassungen und Lebensweisen in zehn Milieus gruppiert und das im Jahr 2005 die Grundlage war für die Erforschung von Einstellungen zu Glaube und Kirche – ist Lebensweltorientierung ein Thema in der Seelsorge.

Schon Heraklit sagt: Was uns umgibt, prägt uns.

Gott ist sehr lebensweltorientiert. Er sendet seinen Sohn in die Welt. Nicht nur zur Inspektion oder Revision, sondern um mitzuleben. Auch nicht als Ethnologe, um Feldforschung zu betreiben und Bericht zu erstatten. Nicht nur als Herold, um zu verkünden, was der Vater die Menschen wissen lassen will.

Jesus teilt unser Leben ganz, bis in den Tod. Der Apostel Paulus schreibt sogar: »Er hat den, der keine Sünde kannte, für uns zur Sünde gemacht, damit wir in ihm Gerechtigkeit Gottes würden.« (2 Kor 5,21)

Das Zweite Vatikanische Konzil (1962 bis 1965), die Versammlung aller Bischöfe der Welt mit dem Papst in Rom, betont in einem seiner wichtigsten Beschlüsse, der »Pastoralen Konstitution über die Kirche in der Welt von heute«

(sie beginnt mit den Worten *Gaudium et spes,* »Freude und Hoffnung«), die Bedeutung des Blicks auf die Lebenswelt der Menschen. Kapitel 4 beginnt so: »Zur Erfüllung dieses ihres Auftrags obliegt der Kirche allzeit die Pflicht, nach den Zeichen der Zeit zu forschen und sie im Licht des Evangeliums zu deuten. So kann sie dann in einer jeweils einer Generation angemessenen Weise auf die bleibenden Fragen der Menschen nach dem Sinn des gegenwärtigen und des zukünftigen Lebens und nach dem Verhältnis beider zueinander Antwort geben. Es gilt also, die Welt, in der wir leben, ihre Erwartungen, Bestrebungen und ihren oft dramatischen Charakter zu erfassen und zu verstehen.« Vielleicht überrascht in diesem sehr der Welt zugewandten Konzilstext der Blick auf den Zusammenhang von gegenwärtigem und zukünftigem Leben, also von irdischem und himmlischem Leben. Doch gerade dies treibt viele Menschen um: Was kommt nach dem Tod?

Selten bekomme ich so viel positives Echo wie bei Gottesdiensten für Verstorbene, in denen ich die Lehre der Kirche vom Fegefeuer erkläre. Nur wenigen Gläubigen ist bewusst, dass ganz sicher in den Himmel kommt, wer im Fegefeuer ist! Das sagt auch (in Nr. 1030) der »Katechismus der Katholischen Kirche«, das vom Vatikan 1993 herausgegebene Buch, das für die ganze Welt die komplette katholische Glaubenslehre enthält. Ist der gute Ausgang des Fegefeuers erst einmal klar, dann erscheint der Gedanke, dass nach dem Tod wohl für die meisten Menschen noch eine Zeit der Läuterung angesagt ist, überhaupt nicht mehr bedrückend. Das ist in Ordnung!

So eröffnet sich gerade angesichts des Todes ein frohes Einverständnis mit der Aussage in den ersten Sätzen des »Katechismus« (Nr. 1): »Gott ist in sich unendlich vollkommen und glücklich. In einem aus reiner Güte gefassten

Ratschluss hat er den Menschen aus freiem Willen erschaffen, damit dieser an seinem glückseligen Leben teilhabe.« Am Glück teilnehmen, und zwar für immer! Anders als im Werbespruch:»Nicht immer, aber immer öfter«. Gott schenkt uns nicht etwas, sondern alles, nämlich Teilhabe an seinem Leben. Er hat uns ja auch nach seinem Ebenbild geschaffen. So wie unser Leben beginnt, soll es auch enden, als »Erben kraft der Verheißung« (der Apostel Paulus in seinem Brief an die Galater, Gal 3,29). Diese frohe Botschaft bezeugen wir als Christen. Wie kann dies gehen angesichts unserer beschränkten Fähigkeiten und Fehler und Schwächen?

Hier hilft die Selbstkritik, die der verstorbene Kölner Kardinal Joseph Höffner kurz vor seinem Tod in seinem Abschiedsbrief an die Gläubigen der Erzdiözese formuliert hat: »Wäre die Kirche nur geschichtliche Gestalt, so hätten wir sie längst zugrunde gerichtet, vor allem die Priester und Bischöfe.«

Gott kommt uns mit seiner Gnade zuvor. Indem wir zusammenkommen, sind wir die Kirche. Als Kirche sind wir der Leib Christi, das werdende Gottesvolk. Wir spüren unseren Anteil am göttlichen Leben. Das wollen wir immer mehr zur Geltung bringen und verbreiten. Dabei hilft uns nur wenig der Blick auf uns selbst, entscheidend ist die Sicht auf die anderen.

Ryszard Kapuściński, der 2007 verstorbene polnische Weltreporter, hat fünfzig Jahre lang die Erde bereist, um den anderen zu begegnen. In der Philosophie von Emmanuel Lévinas findet er seine Weltsicht konzentriert. Er schreibt: »Dieser Gleichgültigkeit gegenüber dem Anderen, die eine Atmosphäre schafft, in der es unter bestimmten Bedingungen zu Auschwitz kommen kann, stellt Lévinas seine Philosophie entgegen. Halte inne – scheint er dem in der entfesselten Menge dahinjagenden Menschen zuzurufen. Halte inne. Neben dir ist da noch ein anderer Mensch. Geh ihm entgegen. Eine solche Begegnung ist das größte Erlebnis, die wichtigste Erfahrung. Schau dem Andern ins Antlitz, das er dir entgegenhält. Durch sein Antlitz öffnet er sich dir, mehr noch, bringt er dich Gott näher« (Ryszard Kapuściński, Der Andere, Frankfurt am Main 2008, S. 33). Indem wir aufeinander schauen, die und der eine auf den andern, ahmen wir nach, wie Gott uns anblickt. Wir übernehmen Verantwortung füreinander. Die heilige Elisabeth sagt: In den Armen finde ich Gott.

Unseren Anteil am Glück finden wir also nicht, indem jeder für sich ein möglichst großes Stück aus dem Kuchen ergattert, sondern indem wir es miteinander teilen.

Wie dies in einer christlichen Gemeinde heute gehen mag, schildert dieses Buch. Wir erzählen von der Wirklichkeit in den beiden benachbarten Kölner Stadtvierteln Höhenberg und Vingst – »HöVi« –, was wir dort als Kirche tun und wie wir dort gemeinsam Kirche sind. So viel teilen wie möglich – das ist vielleicht der Grundgedanke des praktischen Gemeindelebens bei uns. Also so viel an Glauben und Leben mit unseren evangelischen Geschwistern teilen, wie es heute schon sinnvoll und möglich ist. So viel gemeinsam mit allen Menschen guten Willens angehen, wie es ihnen möglich ist, auch wenn ihnen der persönliche Glaube an Gott noch nicht geschenkt wurde oder verloren ging.

Kardinal Höffner hat das Wort von der »Geh-hin-Kirche« geprägt. Es meint aufsuchende Gastfreundschaft. Wir warten nicht, ob jemand kommt. Wir wollen Kirche im Viertel sein, Teil der Lebenswelt der Menschen.

1. KAPITEL

»Meine Stadt, mein Bezirk, mein Viertel, meine Gegend, meine Straße, mein Zuhause, mein Block!«

(Sido)

UNSER VIERTEL KÖLN-HÖVI
Von Peter Otten

Die Kirchengemeindestrukturen sind nicht die wichtigsten Ebenen für die seelsorgliche Arbeit. Das gilt für beide Gemeinden, für die katholische genauso wie für die evangelische Gemeinde. Entscheidend ist die Orientierung der Arbeit am Viertel und ins Viertel hinein, also eine am Sozialraum und dessen Strukturen orientierte pastorale Arbeit. Wenn es heißt »ins Viertel hinein«, so sind eigentlich zwei Viertel gemeint: Köln-Höhenberg und Vingst. Hier wohnen knapp 23.300 Menschen. Ein Drittel von ihnen ist katholisch, knapp 13 Prozent sind evangelisch und circa 15 Prozent muslimisch.

Für die meisten Menschen, insbesondere für die Hinzugezogenen, sind die früher deutlicheren Viertelsgrenzen nicht mehr wahrnehmbar, für Außenstehende erst recht nicht. Beide Viertel sind sich in der Sozialstruktur sehr ähnlich, beide Viertel sind nach dem Krieg durch Siedlungsbau zunehmend ineinander gewachsen. So ist vor vielen Jahren ein neuer Name für die zusammenwachsenden Viertel entstanden. Ein Kunstwort, das sich inzwischen zu einer Marke entwickelt hat, die diesen Prozess des äußeren und auch inneren Zusammenwachsens zu einem Ganzen verdeutlicht. Für die meisten Bewohner heißt das Viertel schlicht »HöVi«. Dieser Begriff hat stark dazu beigetragen, dass sich eine gemeinsame Identität der Bürger herauszubilden begann. Von beiden Kirchengemeinden »erfunden«, bezeichnete HöVi zunächst Initiativen, die zumeist von beiden Kirchengemeinden gemeinsam entwickelt wurden und heute noch betrieben werden: HöVi-Land, die gemeinsame Kinderzeltstadt im Sommer, der HöVi-Spielebus, das HöVi-Sternsingen, die HöVi-Familienwerkstatt, die evangelische Jugend in HöVi wie auch katholische Kinder- und Jugendgruppierungen, zum Beispiel die HöVi-Ministranten oder der Jugendverband HöVi-KjG (Katholische junge Gemeinde). Inzwischen haben auch nicht kirchliche Initiativen diesen Begriff übernommen: der Runde Tisch Jugend in HöVi, das HöVi-Stadtteilmanagement als Lenkungsorgan des sozialen Netzwerkes im Viertel und andere.

Höhenberg und Vingst liegen im rechtsrheinischen Stadtbezirk 8 Köln-Kalk. Als »Stadtteile mit besonderem Erneuerungsbedarf« nehmen sie am Landesförderprogramm »Soziale Stadt« zur sozialen und wirtschaftlichen Stabilisierung teil, um negativen ökonomischen und sozialen Entwicklungen zu begegnen, die durch den Wegfall von Arbeitsplätzen und damit der wirtschaftlichen Basis entstanden sind. Vorhandene Kräfte und Ressourcen werden mobilisiert, um einen Strukturwandel einzuleiten und damit zu verhindern, dass ganze Straßenzüge und Quartiere aus dem wirtschaftlichen, sozialen, politischen und kulturellen Gefüge der Stadt fallen.

HöVi wird im Westen durch einen Rangierbahnhof und im Osten durch eine Stadtautobahn begrenzt. Das Kölner Stadtzentrum erreicht man mit der Stadtbahn in knapp einer Viertelstunde. Der nach dem Krieg prosperierende Industriestandort Kalk bot vor allem mit den großen Fabriken

»Klöckner-Humboldt-Deutz«, einem Hersteller von Motoren, sowie der »Chemischen Fabrik Kalk« bis Anfang der 1990er-Jahre sichere Arbeitsplätze für tausende Bewohner in HöVi. Mit der Deindustrialisierung und dem Rückzug dieser und anderer Betriebe gingen seit den 1970er-Jahren etwa 8500 Arbeitsplätze verloren, wodurch die Arbeitslosigkeit zeitweise auf über 25 Prozent stieg. Der Stadtbezirk Kalk, mit ihm auch HöVi, wurde zu einem Problemgebiet. HöVi ist von der besonderen Lebenssituation seiner Bewohner geprägt. 51,4 Prozent haben einen Migrationshintergrund (der Anteil in der Gesamtstadt beträgt 31,3 Prozent). Bei Kindern unter sechs Jahren liegt der Anteil in HöVi sogar bei 76 Prozent. Der Ausländeranteil liegt aktuell bei 30,3 Prozent (in der Gesamtstadt 16,9 Prozent). Davon sind die Türken mit knapp 50 Prozent die größte ethnische Gruppe. Insgesamt ist die Bevölkerungsstruktur in HöVi ethnisch sehr gemischt, wobei teilweise schon kleinräumliche Segregation zu beobachten ist. Es gibt ganze Straßenzüge, die nahezu ausschließlich von Türken bewohnt werden und eine türkische Infrastruktur aufweisen: Türkische Hauseigentümer, türkische Geschäfte, türkische Ärzte und türkische Cafés.

Auffällig ist eine sehr niedrige Wahlbeteiligung in HöVi. Sie lag bei der letzten Kommunalwahl 2009 mit 33,8 Prozent noch einmal deutlich unter der ohnehin geringen Wahlbeteiligung in der Stadt Köln mit 49,1 Prozent. Es gab Straßenzüge, in denen die Wahlbeteiligung bei 10 Prozent lag. Man darf mit gutem Recht annehmen, dass sehr viele arme Bürger von keiner Partei mehr erwarten, dass diese etwas an ihrer persönlichen Lage verändern. Also beteiligen sich diejenigen, die das größte Interesse an politischen Veränderungen haben sollten, am wenigsten an den Wahlen. Andererseits ist der Stimmenanteil der rechtsextremistischen Partei Pro Köln mit 9,9 Prozent in HöVi bei der Kommunalwahl 2009 auch aufgrund der niedrigen Wahlbeteiligung vergleichsweise hoch, 5,4 Prozent erzielte diese Partei in der gesamten Stadt. Mit dem Abbau der Arbeitsplätze ging auch ein Wandel in der Bevölkerungsstruktur einher. Einkommensstarke Haushalte zogen weg, der Anteil der deutschen Bevölkerung verringerte sich, während nicht deutsche Bevölkerung weiter zuzog. Neu geschaffene Arbeitsplätze, die zum Beispiel durch die Ansiedlung eines Technologiezentrums im benachbarten Stadtteil Gremberg entstanden, helfen den Menschen in HöVi nicht wirklich, da sie eher Arbeit für geringer Qualifizierte benötigen. Das Kalk-Programm, ein Förderprogramm für integrative Stadtentwicklung, sah zwar die Schaffung solcher Arbeitsplätze vor. Aber die Arbeitslosenquote ist fast unverändert. Mit den »Köln-Arcaden« gibt es in Kalk seit 2005 das größte rechtsrheinische Einkaufszentrum von Köln. Es hat dazu beigetragen, dass außerhalb des Einkaufszentrums nicht nur in Kalk, sondern auch in HöVi der Einzelhandel insgesamt, insbesondere aber Fachgeschäfte zunehmend verschwunden sind. Billig- und Ramschläden haben sich an ihre Stelle gesetzt.

IMAGESANIERUNG

Nach dem Zweiten Weltkrieg wurde Vingst als Wohnviertel in großem Maßstab vor allem durch die GAG Immobilien AG, die größte Wohnungsbaugesellschaft der Stadt, aufgebaut. Es entstanden tausende Wohnungen, zumeist in drei- bis fünfgeschossigen Häuserzeilen. Allerdings wurden auch Einfamilienhäuser gebaut, freistehend oder als Reihenhäuser im südlichen Vingst und im östlichen Teil von Höhenberg. Nachdem zu Beginn des Jahrzehnts der Plan, sich vom Gesamtbestand der städtischen Wohnungen zu trennen, im Kölner Rat keine Mehrheit fand, wurden in den letzten Jahren die Vor- und Nachkriegssiedlungen umfassend saniert. Die Wohnungen waren teilweise noch mit Kohleöfen beheizt worden. Das größte Sanierungsprojekt betrifft zurzeit die »Schwedensiedlung« in Vingst, wo ganze Häuserzeilen abgerissen und neu errichtet werden. Neubau- und Eigentumsangebote sollen zur Aufwertung von HöVi beitragen. Im Rahmen dieser Sanierung wurden auch zwei Übergangswohnheime abgerissen, in denen die Stadt überwiegend Obdachlose und Asylsuchende untergebracht hatte. An ihrer Stelle sind unter dem Namen »Vingstveedel« viergeschossige Häuserzeilen entstanden, die Vingst ein neues Entree verleihen und die »Schwedensiedlung« aufwerten. Ein neuer begrünter Platz mit Außengastronomie ist entstanden, neue Einkaufsmöglichkeiten soll es ebenfalls geben. Die Menschen in HöVi beobachten die Veränderung aufmerksam. In einem Internetforum schreibt eine Frau:

Ich wohne seit sechzehn Jahren in Höhenberg. Mir hat der Name gefallen. Auf der Höhe eines Berges zu leben, hat was. Aber im Grunde bin ich vierzehn Jahre hier hängen geblieben. Ich wollte immer auf die andere Rheinseite, wo meine Freunde wohnten und wo das »richtige Köln« ist. Aber vor drei Jahren habe ich mich beim Kauf meiner Eigentumswohnung bewusst für Höhenberg entschieden. Der Name zieht immer noch, und das richtige Köln kann ich jederzeit haben. Es ist ja nur zehn Minuten Bahnfahrt entfernt. Die Germania-Siedlung ist neu renoviert, die schmucken Häuschen sind ganz klasse geworden, und ich fühle mich hier in ihrer Abgeschlossenheit sehr wohl. Ich gestehe, ich bin keine Städterin, ich brauche viel »Auslauf« ins Grüne. Der nahe Königsforst, die Wahner Heide, die

Wildparks, Baggerseen – herrliche Sache das alles. Die kleine Merheimer Heide hier um die Ecke ist im Sommer der große Garten für viele Familien ohne Balkon. Hier ist mir schon passiert, dass mir eine türkische Familie von ihrem Essen abgegeben hat, »weil wir viel zu viel vorbereitet haben«. Auf dem Mülheimer Friedhof ist an Allerheiligen die Hölle los, da wird an den Gräbern echt gewerkelt und geklönt, da ist Familientreffen wie auf den Friedhöfen in Mexiko. Und es gibt viele alte Gräber aus den letzten beiden Jahrhunderten hier. Auf der Olpener Straße gibt es drei Supermärkte, davon zwei Discounter. Aber in dem einen Edeka-Laden, da ist seit Jahren das gleiche Personal. Und wenn man reinkommt, sagt immer jemand »Guten Tach!«, und man weiß, die kennen einen, wie in einem Tante Emma Laden. In der Nähe der Olpener Straße ist auch die Brotfabrik Kronenbrot. Morgens riecht es in ihrem weitläufigen Umkreis immer nach frisch gebackenem Brot.

Mir gefällt außerdem die Nähe zum Autobahnkreuz Köln Ost, von wo aus ich schnell nach Bonn, Siegburg, Düsseldorf, Aachen und Frankfurt komme. Auch der Flughafen ist nicht weit, in meinem Beruf sehr wichtig.

Früher hab ich immer gedacht, mit der U-Bahn sollte man besser vor Mitternacht nach Hause fahren, danach wird es kritisch, da zeigt der Mensch sein wahres Gesicht, bleich und übernächtigt, resigniert, vom Leben gezeichnet. Tatsächlich stört mich der Dreck an der U-Bahn-Station. Mich stört auch das Schild meiner Nachbarn von gegenüber an den wenigen Wäscheleinen im Gemeinschaftsgarten: »Diese Leinen sind den Bewohnern des Hauses Blablastraße vorbehalten. Sonntags und Feiertags ist das Wäscheaufhängen untersagt.« Ich bin kein politischer Mensch, aber das erinnert mich irgendwie an: »Diese Straßenbahn ist den Ariern vorbehalten.« Im Haus gegenüber beschwert man sich auch, dass der frühere Glanz von Höhenberg verblasst ist, seit »sehr viele Ausländer hier eingezogen sind. Die putzen ja die Treppe nicht, müssen Sie nicht meinen.« Die Frau, die das sagt, tut mir leid. Weil sie jeden Tag ihren behinderten Mann im Rollstuhl auf die Rampe

hieven muss, damit er mal die Wohnung im ersten Stock
verlassen kann und an die Luft kommt. Klasse, dass es solche
Rampen gibt und dass die Wohnungsbaugesellschaft auch
behindertengerechte Wohnungen in dieser Siedlung möglich
macht.
Viel gehört hab ich auch von den Kindergärten und Schulen,
die immer die Grünflächen um die Straßenlaternen und
Bäume am Straßenrand bepflanzen – im Frühling brechen
hier die Osterglocken aus der Erde, dank den Kindern. Auch
die Pfarrer sind berühmt in ihrem Engagement für Obdachlose
und Menschen mit wenig Geld.

Die Bevölkerungsstruktur im Viertel hat sich verändert,
und diese Veränderung hat zur Stabilisierung beigetragen.
Da viele Wohnungen aus der Sozialbindung gefallen sind,
sind private Mietwohnungen für Menschen mit niedrigem
Einkommen oder Transferleistungen allerdings nicht mehr
ohne Weiteres erschwinglich. Der Anteil der Sozialwoh-
nungen, der insgesamt in Köln in den letzten Jahren zu-
rückgegangen ist, liegt in HöVi bei 17,3 Prozent, in der
Gesamtstadt sind es knapp 10 Prozent.

STRUKTURSCHWACHES VIERTEL, STRUKTURSCHWACHE MENSCHEN

Im Viertel gibt es fünf Grundschulen, darunter eine katholische Grundschule und eine Außenstelle der Montessori-
Schule Köln-Deutz. Mit einer Hauptschule und einer Gesamtschule gibt es zwei weiterführende Schulen. Kinder,
die eine Realschule oder ein Gymnasium besuchen möchten, müssen in einen anderen Stadtteil fahren.
Was statistisch nur bedingt zu fassen ist, aber beobachtet
werden kann: Viele Menschen in HöVi vermögen ihrem
Leben keine Struktur mehr zu geben. So kommen zwar

viele Menschen zur Lebensmittelausgabe der Kirchengemeinde, weil sie wenig Geld haben. Andererseits haben
sie aber auch nicht gelernt, einen Haushaltsplan aufzu-
stellen und ihr Geld zu verwalten. Das fällt ihnen schwer.
So leben die zahllosen Kioske in HöVi ganz gut von dieser
Schwäche. Denn dort kaufen die Menschen auch bis tief
in die Nacht Dinge ein, die sie spontan brauchen. Termine
wahrnehmen, Einladungen annehmen oder absagen, Brie-
fe und Behördenpost lesen, günstig und vorausschauend
einkaufen, langfristig planen – für viele Menschen sind
das ungewohnte Dinge.
Vor allem die Karnevalsvereine, aber auch die beiden Bür-
gervereine prägen die Kultur in den Stadtteilen gemeinsam
mit den Kirchen. »Signale aus Vingst«, eine Gruppe kunst-
interessierter Menschen, macht regelmäßig Ausstellungen
in der Galerie der Kirche St. Theodor. Es gibt eine große
Zahl von Straßen-, Nachbarschafts-, Kindergarten- und
Schulfesten, wichtige Termine im Jahreskalender der Familien. Eine Frau, die sich in einem nicht näher bezeichneten
Verein in HöVi engagiert, schreibt in einem Internetblog:

Ich bin eingefleischte Höhenbergerin und liebe mein Veedel.
Mein Mann und ich sind beide hier geboren. Den Wandel haben
wir hautnah miterlebt. Durch die Wohnungsbaugesellschaft
ist zunächst die Germania-Siedlung wieder restauriert und
modernisiert worden. Wahrlich ein Schmuckstück. Hier hat
man – und auch der anstrengende Denkmalschutz – wirklich
alles gegeben. Die Mieten sind zwar hierdurch rapide nach oben
geschnellt. Wir konnten jedoch durch unseren Mieterrat bei
Verhandlungen mit dem Vorstand der Wohnungsbaugesellschaft
für vereinzelte Mieter eine vertretbare Miete erzielen.
Durch die Modernisierung hat sich das Veedel gewandelt. Neue
Bürger kamen hinzu und müssen in das Höhenberger Leben
integriert werden. Hier veranstalten wir wieder seit 2008

ein Veedelsfest, wie wir es schon vor 22 Jahren veranstaltet haben. Am Veedelsfest nehmen Karnevalsvereine, Höhenberger Geschäftsleute, Privatpersonen und karitative Einrichtungen teil. Alles, was eingenommen wird, wird größtenteils gespendet. Der Bürgerverein wird dies an bedürftige Höhenberger weitergeben, ausgesucht von unseren Pfarrern aus der evangelischen und katholischen Kirche. Wir haben in der Vergangenheit fast 2000 Besucher gehabt, und wir hoffen, dass wir diese Zahl wieder erreichen. Unser Veedelsfest ist nicht professionell, aber gerade Großmutters Flair macht das Fest sympathisch und bezahlbar.

Ein Beispiel für eine bemerkenswerte Arbeit eines Vereins ist die »Initiative Kinderspielplatz«. In den 70er-Jahren des letzten Jahrhunderts haben sich einige Eltern zusammengeschlossen, um auf einem leer stehenden Eckgrundstück in Eigenregie eine dauerhafte Alternative zum seinerzeit dürftigen Spielplatzangebot im Viertel zu schaffen. Mit vereinten Kräften baute man den Spielplatz mit den Jahren immer mehr aus. Später sorgte die katholische Kirchengemeinde mit einem Grundstückstausch und der anschließenden Stiftung des Grundstückes dafür, dass die Initiative dauerhaft an dem Ort verbleiben konnte. Die inzwischen 500 Mitglieder des Vereins aus etwa zehn verschiedenen Nationen betreuen aber nicht nur den Spielplatz, sondern organisieren für die Kinder das ganze Jahr über ein umfangreiches Freizeitprogramm.

KIRCHE IM VIERTEL

In HöVi leben zurzeit knapp 8000 Katholiken und 3000 Protestanten. In Höhenberg und in Vingst hat die katholische Gemeinde jeweils eine Kirche, St. Elisabeth und St. Theodor. Bereits im Jahr 2000 fusionierten die zuvor selbstständigen Gemeinden. Im Jahr 2002 wurde in Vingst sogar eine neue Kirche geweiht, bis heute die vorletzte im Erzbistum Köln, wo es zunehmend aufgrund von Fusionierungen und rückläufigen Gemeindemitgliederzahlen zu viele Kirchen gibt. So war der teure Bau in seiner Entstehung auch nicht unumstritten. Die konsequente Orientierung an den Bedürfnissen der Menschen bei der Planung des Baus war von Seiten der Gremien der Kirchengemeinde dann auch eine wichtige Bedingung.

Kriegsschäden und ein Erdbeben im Jahr 1992 hatten dem Vorgängerbau von St. Theodor aus den späten 30er-Jahren so zugesetzt, dass er einsturzgefährdet war. Weil ein Neubau geringere Kosten bedeutete als die Instandsetzung, entschied sich das Bistum für Abriss und Neubau. Allein der Turm aus dem Jahr 1955, der auf eigenen Fundamenten ruht, blieb stehen. Ein Wettbewerb wurde ausgeschrieben. Aus mehr als 150 anonymisierten Einreichungen ging Paul Böhms Entwurf als Sieger hervor. Im März 2002 wurde die komplett unterkellerte neue Kirche geweiht, ein sandfarbener zylindrischer Baukörper aus Leichtbeton. Aus ihm ragt dunkel der quadratische Turm der Vorgängerkirche heraus. Ein Gebäuderiegel mit Räumen für verschiedene Nutzungsmöglichkeiten und der Keller binden den sakralen Neubau in die vielfältigen kulturellen und sozialen Aktivitäten der Gemeinde ein – und umgekehrt.

Die evangelische Gemeinde Köln-Höhenberg-Vingst besitzt mit der Erlöserkirche in Höhenberg und dem Paul-Gerhardt-Haus in Vingst zwei Gemeindezentren. Im Bereich der Kinder- und Jugendarbeit, im Bereich der Familienarbeit, in der Zusammenarbeit mit den Schulen und in vielen Feldern der vernetzten sozialräumlich orientierten Sozialarbeit besteht seit vielen Jahren eine sehr intensive ökumenische Zusammenarbeit.

Welche Entwicklung HöVi in den letzten Jahren erfahren hat, welche Rolle die beiden Kirchen dabei hatten und wie das gerade von jungen Menschen wahrgenommen und reflektiert wird, zeigt der folgende Rap, den ein Jugendlicher, ehrenamtlicher Mitarbeiter in der Jugendarbeit, geschrieben und mit Freunden aufgenommen hat.

WE BELONG TOGETHER

Einzigartig ist unser Town – einzigartig im Kölner Raum
Ach scheiß auf den Mist, das gibt's nur einmal
Einmal auf der Welt – einfach phänomenal
Aktionen wie das HöVi-Land machen uns berühmt
Und es geht immer weiter, neue Ideen kommen geströmt
Man kann von uns sagen, wir haben Großes vollbracht
Unsere soziale Power – es geht nicht um Macht
Wenn man betrachtet, was wir alles schon geschaffen haben
Da musst du weit ausholen, das kann man nicht so trocken sagen
Denn so etwas, das hat noch niemand geseh'n
Jetzt zähl' ich mal schnell auf, wovon ich eigentlich red'
Ich red' von Blockhaus, PGH und St. Theodor
Ich red' vom HöVi-Land, KjG und dem Chor
Ich red' von Jugendbüro, KjG-Büro, HöVi-Land-Büro,
Spielebus sowieso
Auch Erlöser und Elisabeth sind noch mit dabei
Genauso wie die Kindergruppen und HöVi-Online
Viele Leute bei Sommerfahrt und Jugendgruppe
Nicht zu vergessen: offener Treff – Frau Gau macht 'ne Suppe

We are strong forever – We belong together
We all live in one place – We all go the same ways
Höhenberg-Vingst together – Höhenberg-Vingst forever

Die Umstände sind halt so, so muss es halt sein
Höhenberg-Vingst – keiner will alleine sein
Es gibt zwar immer Battles zwischen den beiden Konfessionen
Genauso gibt es Battles zwischen den zwei HöVi-Regionen
Doch damit ist jetzt Schluss – so kann's nicht weiter geh'n
Im Leben gibt es so viele Sachen – so viel ist noch zu erleben
Wir müssen aufhör'n mit dem Stress, wir sind doch alle
Jamaikaner
Krieg in HöVi – ich sag euch Jungs – das war mal
Fasst euch an den Händen und macht mal 'nen Kreis
Vergesst doch mal den Ärger, denn der Preis ist zu heiß
Für den Scheiß, den ihr macht, den ihr fabriziert
Höhenberg und Vingst waren schon immer liiert
Fasziniert sind die Leute, die von außen uns seh'n
Gib denen eine Woche und sie werden uns versteh'n
Warum die Leute hier tun für keinen Cent
Warum die Leute sterben würden, wenn das HöVi-Land brennt

Vergisst den Battle, Jungs, das alles ist Vergangenheit
Höhenberg und Vingst – das ist 'ne feste Einheit
Wir steh'n zusammen, wie Elisabeth und Theodor
Der Zusammenhalt ist stärker als je zuvor
Bei allem, was wir taten – jo – wir waren gespalten
Doch jetzt ist die Zeit gekommen, in der wir zusammen
halten
Zwei Teile, eine Kraft – gemeinsame Ziele
Mit Freundschaft, Vernunft und noch viel mehr Liebe
Das geht raus an alle Leute – ja, gemeint seid ihr
Die Leute aus unserem Land – aus unserem Revier
Das ist von uns für euch, auch von uns für uns
Wie Therapie für uns – für euch ist es Kunst
So hat jeder was davon – das ist ein positives Lied
Seht ihr den Verlauf in dem Gebiet, dass ihr so liebt
Wie euer eigenes Kind, seid doch nicht blind
Ihr müsst sie behüten – unsere wertvolle Blüte.

Text und Musik: Roland Gogol

2. KAPITEL

»Kein Schwein ruft mich an«
(Max Raabe)

GASTFREUNDSCHAFT IST HEILSAM
Von Franz Meurer

Im Lateinischen heißt hostis »der Fremde« und »der Feind«. Der Fremde ist zuerst einmal der Feind. Der Neue in der Gruppe sorgt für eine neue Hackordnung und bringt meine Position in Gefahr. Die Neue im Betrieb ist die Konkurrentin um die Führungsposition.

»Ich war fremd und ihr habt mich aufgenommen«, sagt Jesus (im Matthäusevangelium, Mt 25,36). Wer den Fremden beherbergt, hat Jesus selbst zu Gast.

Max Frisch schildert in seinem Stück Andorra, wie Fremdenangst den Verstand ausschaltet. Das Findelkind muss ein Jude sein, also finden alle »jüdische« Eigenschaften an ihm. Schließlich meint das Kind selbst, dass es so ist. In den Tod getrieben stellt sich heraus: der Junge war Andorraner, wie sie alle.

Nur wer den Fremden und das Fremde bei sich einlässt, kann seine eigene Erfahrung weiten und dadurch für sich selbst Heimat finden. Der Fremde ist die Chance des eigenen Lebens.

Gastfreundschaft heißt nicht Vereinnahmung, sondern Begegnung. Der Gastgeber bietet einen Raum der Freiheit, in dem der vorerst Fremde in seinem Anderssein bleiben kann. Nur so kann aus Fremdheit Freundschaft entstehen, in gegenseitiger Achtung. Gastfreundschaft ist nicht nur moralisch gut, weil ich etwas abgebe oder meine Räume öffne. Gastfreundschaft bringt mir selber sehr viel. Nur wenn ich erkenne, wie andere mich sehen, kann ich mich selber begreifen. Nur wenn ich mich dem Fremden öffne, erkenne ich meinen eigenen Wert, ohne mich an meinen Besitz zu klammern.

Jesus ist zu Gast bei den Zöllnern und Sündern. Das regt die Leute enorm auf, denn sie begreifen noch nicht, dass auch sie herzlich eingeladen sind. Sie verstehen es erst, wenn sie sich selbst als Menschen mit Fehlern und Sünden erkennen.

In unserem Wohnviertel haben 76 Prozent aller Kinder bis sechs Jahre einen Migrationshintergrund. Auch in der Katholischen Grundschule ist die Mehrheit nicht christlichen Glaubens. Es ist die schöne Aufgabe der christlichen Gemeinde, für ein Klima der Gastfreundschaft zu sorgen.

Dass dies zunehmend gelingt, zeigte sich am Wunsch der Schülerinnen und Schüler der Abschlussklasse der Hauptschule, die feierliche Zeugnisübergabe nicht in der Schule stattfinden zu lassen, sondern in unserer Kirche. Mit Geistlichen aus sechs Konfessionen und Religionen. Besonders beeindruckend die Sikhs: mit blauem Turban und Krummdolch.

Jedes Jahr am letzten Schultag vor Weihnachten kommen die Schülerinnen und Schüler der Hauptschule zur multireligiösen Feier in unsere Kirche. Der Schulchor hat Lieder eingeübt, Lehrerinnen und Lehrer singen zur Unterstützung mit. Als Weihnachtslied gilt dabei auch das kölsche Karnevalslied »Echte Fründe ston zesamme« (Wahre Freunde halten zusammen).

Zwischen den Liedern tragen Jugendliche Weihnachtsgedichte vor, klassisch und traditionell. Ein Mädchen und ein Junge rezitieren mit Singstimme Koranverse, dafür erhalten sie kräftigen Beifall – wie alle, die vortragen.

Als der Imam aus dem Koran eine Stelle vorliest, die von Maria und Josef und dem Jesuskind handelt, sind auch die »härtesten« Schüler berührt, man hört die Stille knistern. Natürlich sei es wichtig, sagt der Imam, den Geburtstag eines Propheten zu feiern. Jesus habe verkündet, was der Kern der Religionen sei: Frieden durch Barmherzigkeit. Als zum Schluss der evangelische Pfarrer spricht, zieht er den Kreis noch weiter. Bevor Christentum und Islam entstanden sind, haben die Menschen in den Psalmen ihre Verantwortung vor Gott besungen. Er zitiert Psalm 24: »Wer darf hinaufziehn zum Berg des Herrn, wer darf stehn an seiner heiligen Stätte? Der reine Hände hat und ein lauteres Herz, der nicht betrügt und keinen Meineid schwört. Er wird Segen empfangen vom Herrn und Heil von Gott, seinem Helfer.«

Die Schülerinnen und Schüler stellen vor dem Altar Kerzen auf. Zum Gedenken an ein Mädchen aus der achten Klasse, das vor Kurzem ermordet wurde. Es war schrecklich für alle. Als ihr Vermächtnis formulieren zwei Jugendliche, dass sie die »Lehre« annehmen wollen, sich vor falschen Freunden und schlechter Gesellschaft zu hüten. Sehr deutlich, sehr klar.

Georg Baudler schreibt: »Frieden kann am besten wachsen durch gemeinsames Symbolerleben.« Gemeinsames Feiern ist allerdings erst möglich nach gemeinsamem Leben! Das ist der Kick! Wenn die Hauptschülerinnen und -schüler nicht im Alltag erleben würden, dass sich die katholische und die evangelische Gemeinde und ebenso die Moscheegemeinde um sie kümmern, wäre eine multireligiöse Feier nicht nur nicht möglich, sondern schädlich. Ein schlechtes Theaterstück, eine Lüge.

Jeden Morgen bieten wir in der Hauptschule ein Frühstück an, zu dem vor allem die Jugendlichen der unteren Klassen kommen. Der Bildungsbürger zitiert gerne die lateinische Weisheit: *Plenus venter non studet libenter* – ein voller Bauch studiert nicht gern. Ein leerer aber auch nicht! Vielleicht brachte den Durchbruch an Glaubwürdigkeit, dass es gelang, die Toiletten der Schule auf Hotelstandard zu bringen. Die Schulleiterin erreichte beim Gebäudemanagement der Stadt die bauliche Grundsanierung. Wir sorgten für die Ausstattung mit »Beauty-Tisch«, Auflagen aus Papier für die Brillen, ordentliche Toilettenpapierspender und Handtuchboxen. Am wichtigsten war wohl, dass im ersten Monat nach Eröffnung die Einübungsphase sozusagen professionell begleitet wurde. Eine ältere Dame aus unserem Viertel und unser Zivildienstleistender fanden sich bereit, als Toilettenfrau und -mann die jungen Menschen in die Kulturleistung Gemeinschafts-WC einzuführen. Nach jedem Besuch gab es ein Bonbon zum Abschied. Nach diesem ersten Monat übernahmen ältere Schülerinnen und Schüler diesen Dienst. Es klappt immer noch gut. Viele Schülerinnen sprechen die Toilettenfrau des ersten Monats auf der Straße an: Warum kommen Sie nicht wieder, Sie waren so nett zu uns?!

GASTFREUNDSCHAFT HÄLT LEIB UND SEELE ZUSAMMEN

Gastfreundschaft hat immer mit Essen und Trinken und mit Wohlfühlen zu tun. Der Gast bekommt den besten Platz und das weichste Fell.
Es geht um Leiblichkeit.
Viele Hauptschülerinnen und -schüler, auch unsere Jugendlichen in der Förderschule, haben ein geringes Selbst-

wertgefühl, sie kommen sich sogar überflüssig vor. Max Raabe singt: »Kein Schwein ruft mich an, keine Sau interessiert sich für mich.« Die Folge ist nicht selten ungesundes und übermäßiges Essen, wenig Sport und kaum Bewegung. Mit dem dynamischen Konrektor der Schule, selbst Bodybuilder, haben wir im Keller der Schule eine »Muckibude« eingerichtet. Es geht nicht darum, Kampfsportlerinnen auszubilden, sondern einen positiven Bezug zum eigenen Körper zu fördern. *»Mens sana in corpore sano«,* würde der Bildungsbürger jetzt zitieren, ein gesunder Geist braucht einen gesunden Leib. Zusätzlich haben wir einmal in der Woche in der Mittagspause der Schule ein Fitness-Studio in der Nähe angemietet. Der Inhaber war selber Schüler der Hauptschule und genießt den Respekt der Jugendlichen. Statt fette Fritten zu verspeisen, trainieren die Mädchen und Jungen in seinem Studio und gewinnen einen guten Bezug zu sich selbst.

Christen glauben an die Auferstehung des Leibes. Seele und Leib, Körper und Geist, Verstand und Gefühl sind nicht Gegensätze, sondern eine Einheit. Der Leib ist nicht das Gefängnis der Seele. »Tue deinem Leib etwas Gutes, damit deine Seele gerne darin wohnt«, sagt Teresa von Avila.

Die jüngste Mutter bei uns war dreizehn Jahre alt; »selbst für unser Viertel zwei Jahre zu früh«, sagten Zyniker. In der Pubertät fühlen sich viele junge Menschen orientierungslos, vielleicht besonders in einem armen Viertel, das zu verwahrlosen droht. Es gilt, die Liebe zu lernen.

So bieten wir den Schulen in unserem Viertel und in der Umgebung sexualpädagogische Tage an. Ohne Lehrer, aber von einem professionellen Team gestaltet. Catering und eine schöne Atmosphäre mit Blumen in unserem Pfarrheim besorgen Frauen aus unserem Viertel. Die *location* muss stimmen, auf keinen Fall darf die Orientierungseinheit in der Schule stattfinden.

Um die fünfzig Tage buchen die Schulen pro Jahr, seit acht Jahren. Die Zahl der Kinder, die Kinder haben, ging fast auf Null zurück.

Es blieb die Not der Lehrer mit dem Thema. Bernd Siggelkow, Begründer der »Arche«, dem christlichen Kinder- und Jugendwerk in Berlin, beschreibt in seinem Buch *Deutschlands sexuelle Tragödie* die Hypersexualisierung in der Gesellschaft. Für viele Lehrerinnen und Lehrer ist die sexuell aufgeladene Sprache der Jugendlichen nur schwer zu ertragen. Was tun?

Gemeinsam mit Top-Leuten von *Donum Vitae,* dem Verein von Katholiken für eine christliche Beratung bei Schwangerschaftskonflikten, in der Familienplanung und Sexualerziehung, haben wir dieses Format entwickelt: Die Lehrerinnen und Lehrer stellen den Samstag, ihren freien Tag, für die eigene Fortbildung zur Verfügung (also melden sich die Faulen nicht an). Die Schulen geben als ihren Beitrag den Freitag zur Teilnahme frei. An den beiden Tagen treffen sich zwanzig Pädagoginnen und Pädagogen mit dem professionellen Referententeam in einem sehr guten (das ist wichtig!) Tagungshaus.

Die Teilnehmer haben vorab zugestimmt, dass auch die eigene Sexualität Thema sein wird. Für Körperübungen bringen sie geeignete Kleidung mit. Unsere im und für das Viertel gegründete Stiftung finanziert das Seminar komplett, auch den Pausenkaffee und die Getränke abends an der Bar. Nichts, aber auch gar nichts darf die erfolgreiche Teilnahme behindern.

Wunderbar war schon beim ersten Kurs, dass Lehrkräfte aus vier Schularten teilnahmen, von der Förderschule bis zum Gymnasium. Darauf sind wir stolz, das gibt es sonst kaum. So waren die Kursteilnehmer sozusagen auch Gäste in den jeweils anderen Schulen und erfuhren von deren Problemen und Lösungsansätzen.

GASTFREUNDSCHAFT SIEHT, WAS DER ANDERE BRAUCHT

Und nach der Schulzeit, was machen unsere Schülerinnen und Schüler dann? Gerade Haupt- und Förderschüler fühlen sich dann überflüssig. Nur schwer finden sie Arbeits- oder Lehrstellen, Förderschüler fast gar nicht mehr. Es ist besonders skandalös, dass schon seit zehn Jahren die Zahl der jugendlichen Hauptschülerinnen und -schüler zurückgeht, die eine Lehr- oder feste Arbeitsstelle finden. Ein Drittel aller Mädchen mit türkischstämmigem Migrationshintergrund verlassen in Deutschland die Schule ohne jeden Abschluss! Manchmal können wir den jungen Menschen zu einer Arbeits- oder Lehrstelle verhelfen, aber nicht oft. Es gibt das Beispiel des drogenabhängigen jungen Mannes, dem wir den Führerschein finanzierten, damit er im Gärtnerbetrieb die Festanstellung erhielt. Es gibt den Firmenchef, der dankbar ist für die Vermittlung des jungen Menschen, der in Spitzenzeiten auch nachts arbeitet, damit die Aufträge raus können. Aber insgesamt ist die Situation trostlos.

Mit Haupt- und Förderschule im Viertel haben wir ein Modell aufgegriffen, das es bisher nur im akademischen Bereich gibt: das Bewerberbuch. Die Schülerinnen und Schüler stellen sich gemeinsam in einem Heft vor, jede und jeder auf einer eigenen Seite: mit professionellem Foto, besonderen Fähigkeiten, Stärken, Hobbys, Sprachkenntnissen, Praktika und Berufswunsch. In der letzten Spalte erklären sie, was sie in fünf Jahren erreicht haben wollen.

1000 Exemplare des Bewerberbuchs bringen wir unter die Leute. Natürlich an Firmeninhaber, aber auch an die Mitglieder der Parteien in der Umgebung. Unserem Oberbürgermeister haben wir das erste Bewerberbuch in der Schule überreicht.

Die Botschaft der Schülerinnen und Schüler lautet: Wir können etwas, wir wollen arbeiten, wir wollen die Gesellschaft gemeinsam weiterbauen. Wir bieten uns an, bitte beteiligt uns!

Hier wird Gastfreundschaft politisch. In jedem Bildungsbericht ist die Rede davon, dass Deutschland als rohstoffarmes Land vor allem die Ressource Bildung bewirtschaften müsse. Warum hören wir damit mit Ende der Schulzeit auf? Wenn es mit unserem so vorbildlichen System der beruflichen Bildung für Menschen mit praktischen Fähigkeiten nicht mehr klappt, müssen wir eben etwas Neues erfinden! Neue Wege muss es zum Beispiel in der Altenpflege geben. Im Jahr 2035 wird jeder zweite Deutsche keine Kinder haben, zwanzig Prozent, jeder fünfte, überhaupt keinen Verwandten mehr bis zum dritten Grad. Mit den heutigen Modellen wird sich die Pflege der Seniorinnen und Senioren nicht leisten lassen. Was hat dies mit der Berufsausbildung der jungen Menschen zu tun?

Als wir das Bewerberbuch der Förderschule vorbereiteten, wurde uns klar, dass gerade viele dieser Jugendlichen geeignet und auch bereit sind für eine Tätigkeit in der Seniorenpflege. Gerne machen sie Praktika dort. Nun kommt die Crux: eine Ausbildung zum Altenpflegehelfer können sie aufgrund der dazu geforderten intellektuellen Fähigkeiten schwerlich schaffen. Fantasie ist gefragt: Könnte es nicht eine Ausbildung ähnlich dem »Werker« in der Industrie geben, die auch Förderschülern den Berufseinstieg ermöglicht?

Zugleich ließe sich der oft beschworene »Pflegenotstand« lindern. Zusammen mit dem hoch engagierten Rektor der Förderschule und einem motivierten Fachmann der Caritas »werkeln« wir an einem Plan, wie wir dieses berufliche Format auf den Weg bringen können. Wahrscheinlich müssen wir die Leitungen einiger Senioreneinrichtungen für ein Versuchsprojekt begeistern. Vielleicht gibt es auch bei der Industrie- und Handelskammer einen Verantwortlichen, der kurz vor der Pensionierung im Blick hat, dass er selbst bald Pflege benötigt.

GASTFREUNDSCHAFT SCHAFFT PLATZ FÜR DEN ANDEREN

Mit scheinbaren »Laienkräften« lässt sich viel bewegen, zwei Drittel der Kosten können eingespart werden, das beweist ein Projekt in unserem Viertel. Dort gibt es eine »BGB-Gesellschaft der Angehörigen demenzkranker russischstämmiger Menschen«. Statt zu hohen Kosten in einem Heim zu leben, genießen die alten Menschen die Gastfreundschaft ihrer Kinder.

Als Teilhaber der BGB-Gesellschaft (eine Gesellschaft bürgerlichen Rechts: ein Zusammenschluss von Personen zur Erreichung eines Ziels mit einer sehr einfachen Rechts- und Vertragsform) müssen die Kinder die Unterbringung und Pflege nicht gemäß dem Heimgesetz organisieren. Vier Wohnungen hat die gemeinnützige Wohnungsgesellschaft der Stadt zusammengefasst und umgebaut. Nicht alles entspricht dem Heimgesetz – die Türen sind wohl schmaler, in den Bädern ist auch etwas unvorschriftsmäßig, an der Tür zur Terrasse gibt es einen kleinen Hubbel am Boden. Dafür kostet alles nur ein gutes Drittel einer üblichen Heimunterbringung, sodass auch unsere Sozialdezernentin jubiliert. Am Wochenende können die Kinder und Angehörigen mitpflegen. In der Woche, wenn sie selber arbeiten müssen, kaufen sie die Pflegeleistungen von der Diakonie. Die Wohnungsbaugesellschaft hat das Ganze professionell beraten, es gibt eine Mitarbeiterin, die solche Projekte entwickelt und begleitet.

Früher waren die Kinder Gäste im Haus ihrer Eltern, nun sind die pflegebedürftigen Eltern Gäste im Haus ihrer Kinder. Des Öfteren bete ich:»Herrgott, schmeiß Hirn vom Himmel«. Im Fall der BGB-Gesellschaft hat er die Bitte wohl erhört, bei unseren Gabelstaplerkursen wahrscheinlich auch. 1992 wurde unsere Kirche durch das Erdbeben mit dem Epizentrum bei Roermond schwer beschädigt und musste 1994 abgerissen werden. Die Menschen standen weinend davor. Wahrscheinlich war ich der einzige, der gegen einen Neubau war, hatten wir doch 830 Meter entfernt eine weitere Kirche mit 350 Sitzplätzen, Pfarrsaal und Jugendheim. Auch das Erzbistum wollte natürlich in einem armen Viertel ein Zeichen setzen und schrieb einen Architektenwettbewerb aus, an dem sich 162 Baukünstler beteiligten. Eine Kirchengemeinde entfaltet ihr Leben in vier Richtungen: *Diakonie,* das meint Solidarität und Unterstützung der Armen, *Liturgie* ist die Feier der Gottesdienste, *Koinonie* bedeutet gemeinschaftliches Leben, *Martyrie* ist die Bezeugung des Glaubens. Im Weihegebet für eine neu gebaute Kirche heißt es:»Hier ist der Ort, wo die Armen Hilfe erfahren.« In unserer Kirche ist diese Basis des Christlichen im Wortsinn erfahrbar. Das gesamte Basement – so nennen wir den Keller mit dem passenderen Wort – von etwa 800 Quadratmetern ist der Ort der Diakonie. Mit Kleiderkammer, Kindersachenabteilung, Werkstätten, Lebensmittelausgabe, Lager für Fahrräder, Kinderwagen, Kommunionkleider (jedes Kommunionkind bekommt eines geschenkt). Zur Arbeitserleichterung für die ehrenamtlichen Helfer bot sich ein Gabelstapler an, weil vieles in Hochregalen liegt. Nun fiel Hirn vom Himmel: es wurde uns klar, dass dieses Fahrzeug auch die Chance bietet, Jugendliche den Flurförderfahrzeugführerschein erwerben zu lassen. Dies erhöht ihre Arbeitsstellenaussichten enorm. Höhepunkt war bisher, als an einem Dienstag ein türkischer Jugendlicher kam und sagte: »Wenn ich bis Freitag den Führerschein habe, bekomme ich die Stelle«. Natürlich wäre uns lieber gewesen, er hätte Zeit bis zum nächsten angesetzten Kurs gehabt, dann wäre es billiger geworden. Aber klar, am Freitag hatte er den Führerschein in der Tasche. Unser Fahrlehrer, Mitarbeiter eines Fahrschulunternehmens, spricht Türkisch, Deutsch und Kurdisch. Er bemüht sich sehr um eine gute Ausbildung für jeden Schüler. Wer durch die Prüfung fällt, kann von Neuem üben. Ein junger Mann türkischer Abstammung hatte eine Lehrstelle als Dachdecker gefunden und erzählte: »Als ich den Gabelstaplerführerschein erwähnte, war der Chef begeistert. Du bist der erste bei uns, der den hat, sagte er. Jetzt gibt es keinen Ärger mehr mit der Berufsgenossenschaft.« Was ja nur gut ist! Arbeitssicherheit geht vor.

Die Kurse sind für die Jugendlichen unentgeltlich, sie sind unsere Gäste. Wir suchen jeweils Wohltäter für die Kosten von 160 Euro pro Nase. Da das Projekt die Kostenträger überzeugt, finden sich immer Spender als »Gastgeber« eines Kurses.

Die Liturgie ist der Mittelpunkt des Gemeindelebens. Die Messe ist ja ein Heiliges Gastmahl und die Feier von Gottes Gastfreundschaft. Christus schenkt sich selbst zur Speise im Brot des Lebens. Er ist Gabe und Geber zugleich. Er lädt ein. Die Koinonie, die Gemeinschaft, ist eine Auswirkung des Gottesdienstes. Dies soll spürbar werden. So folgen wir dem amerikanischen Modell. Nach dem Sonntagsgottesdienst um 11 Uhr ist Bewirtung und Begegnung im Querschiff der Kirche. Mitglieder von Kirchenvorstand, Pfarrgemeinderat und Pastoralteam sind zugegen, um die Freuden und Sorgen der Menschen zu teilen. Übrigens besorgen die

Mitglieder des Pfarrgemeinderates auch ehrenamtlich den sonntäglichen Küsterdienst.

Mitglieder des Kirchenvorstandes spielen vor der Heiligen Messe *Greater,* sie begrüßen die Menschen an der Kirchentür und übergeben ein Liederbuch – das, welches gerade Verwendung findet; so ist das Problem des falschen Buches in einem mit dem Gefühl des Unpersönlichen beim Gottesdienstbesuch gelöst.

Ein sehr einfallsreiches ehrenamtliches Team gestaltet die Bewirtung. Mal gibt es frische Waffeln, im Sommer immer Eis für die Kinder und für die, die sich als solche fühlen. Auch mal Pizza, Nürnberger Würstchen oder Fritten. Oder Hotdogs, Muffins. Auf jeden Fall immer Kuchen und Gebäck. Und natürlich Getränke. Zwei große Kaffeeautomaten brühen alles frisch, von Capuccino über Espresso bis Kakao. Da wir den Grundsatz haben »Wo es arm ist, darf es nicht ärmlich sein«, werden die Tassen im entsprechenden Gerät vorgewärmt. Auf den Kakao müssen die Kinder warten, bis die Senioren sich bedient haben. Der normale Filterkaffee steht sowieso auf allen Tischen.

Prälat Austen, Chef des Diasporahilfswerks in Deutschland, hat das Kirchencafé als das »achte Sakrament« bezeichnet. So weit möchte ich nicht gehen, aber ohne die Möglichkeit zu Begegnung und Bewirtung bleibt die Erfahrung der Gastfreundschaft, welche die Liturgie vermitteln will, rein symbolisch. Verbinden sich Reales und Symbolisches, kann die Erfahrung nachhaltig werden.

Hilde Domin schreibt: »Wir essen das Brot, wir leben vom Glanz.« Auch nach der multireligiösen Feier am letzten Schultag gab es eine Bewirtung als Zeichen der Gastfreundschaft, allerdings in abgespeckter Form. Alle Jugendlichen, 420 an der Zahl, erhielten eine Tüte mit Süßem, Chips, Orangensaft und Obst.

Bei der Feier zur Zeugnisübergabe an die Abschlussschüler mit Geistlichen aus sechs Konfessionen und Religionen hatte unser Frauenbewirtungsteam mit Unterstützung des türkischen Mütterclubs im Querschiff der Kirche ein kaltes und warmes Büfett aufgebaut. Besondere Anlässe erfordern besondere Gastfreundschaft.

GASTFREUNDSCHAFT MACHT UNS ZU MENSCHEN MIT KULTUR

»Wir sind nur Gast auf Erden«, singen wir in Lied Nummer 656 des katholischen Gebet- und Liederbuches »Gotteslob«, meistens bei Beerdigungen. Aber was ist daran schlecht? Der Himmel steht uns immerhin als ewiges Hochzeitsmahl offen. Jesus war dauernd zu Gast bei den Menschen. Deshalb wurde er als »Fresser und Säufer« beschimpft. Johannes der Täufer ernährte sich von Heuschrecken und wildem Honig in der Wüste, immerhin genügend Eiweiß und Kohlenhydrate. Als Jesus vierzig Tage in der Wüste verbrachte, um sich auf seine Sendung als Messias vorzubereiten, will der Versucher seinen Hunger ausnutzen, um ihn für sich zu gewinnen. Es stimmt: »Der Mensch ist das Wesen mit dem Loch«, wie Jean Paul Sartre sagt. Wir stopfen lebenslang in uns hinein.

Wenn wir das als Gäste tun, gewinnt der Akt der Nahrungsaufnahme kulturellen Glanz. Jesus lädt sich gar selber ein. Zum Zöllner Zachäus sagt er: »Ich will heute bei dir zu Gast sein.« Er spürt dessen Wunsch nach Überwindung seiner Einsamkeit. Durch böse und betrügerische Zolleinnahmen zu Geld gekommen, will niemand dem Zöllner begegnen, gar ihn als Gast empfangen. Also dreht Jesus die Rollen einfach um und wird sein Gast.

In Gasthäusern darf nur der Gast sein, der die Rechnung

begleicht. Erst die Unentgeltlichkeit, das Geschenk, verleiht der Gastfreundschaft den Glanz.

Gastfreundschaft funktioniert manchmal auch ohne Speisen. Kürzlich fragten zwei Studentinnen der Design-Hochschule, ob sie im Dachspeicher der alten Kirche eine Filmsequenz drehen dürften. Gastfreundschaft bedeutet, ihnen nicht nur den Zugang zu erlauben, sondern sogleich die Schlüssel auszuhändigen. So können sie jederzeit hinein und weiter am Drehbuch arbeiten. Die Bohlen, die sie für die Kamerafahrten benötigen, stellt die Gemeindewerkstatt zur Verfügung. Wir dürfen doch froh sein, dass sich junge Menschen für unsere alte Kirche interessieren – im wörtlichen wie im übertragenen Sinn!

In der Hauptschule, von der die Rede war, gibt es keine einzige Stunde katholischen oder evangelischen Religionsunterricht. Das ist aber nicht schlimm. Die türkische Lehrerin, seit dreißig Jahren tätig, vertritt die christliche Seite, wenn sie den Schülerinnen und Schülern erklärt, dass nicht automatisch die Muslime in den Himmel kommen und die Christen in die Hölle. Es habe schon mit gut und böse zu tun. Vielleicht bleibt die Hölle ja auch leer. Zu ihrem dreißigjährigen Dienstjubiläum durften wir in unser Kirchencafé einladen. Der Presse gab sie ein eindrucksvolles Interview zur praktischen Interreligiosität.

Der Bodybuilding-Konrektor hat die katholische Missio (die kirchliche Lehrerlaubnis für Religionsunterricht) vorläufig gehabt, sie ist in der Bürokratie verschollen. Auch dies ist nicht nachteilig, denn die Schülerinnen und Schüler wissen, wo er steht. Als er eine siebte Klasse nur mit Schulrückkehrern (von Gymnasium, Realschule und Gesamtschule zurück auf die Hauptschule) übernahm, war ein Zeichen der Gastfreundschaft nicht der geregelte Religionsunterricht, sondern die Bereitschaft unserer Stiftung, sogleich eine viertägige Klassenfahrt mit Bäumeklettern und Kanufahren zu finanzieren, damit er Zugang zu den Jugendlichen gewinnt, die sich in dieser Welt überflüssig vorkamen.

Im Kern zählt »street credibility«, Glaubwürdigkeit vor Ort. Wenn die Schülerinnen und Schüler sich nicht freuen würden, wenn »einer oder eine von der Kirche« auf dem Schulhof erscheint, hätte religiöse Erfahrung keine Chance. Im Gegenteil, wir sind froh, dass die jungen Menschen uns in Freundlichkeit Gastfreundschaft gewähren, obwohl wir ihnen nur eingeschränkt Lebenswissen vermitteln oder gar eine Lehrstelle besorgen können.

Besonders schön sind die Ausflüge, die wir mit jeweils 60 bis 70 Jugendlichen der Jahrgangsstufen unternehmen. Wir klettern in eine Staumauer hinab (nichts für Klaustrophobe!), schauen das Marionettentheater an und sind zu Gast in einem Franziskanerkloster in der Eifel, wo die dortigen Jugendlichen für uns frische Waffeln backen. Fast wie beim himmlischen Gastmahl am Ende der Zeit.

Joseph Beuys hat dieses Bild (rechte Seite) gemacht. Auf eine schwarze Tafel schrieb er »Mensch«. Würde ich das Kunstwerk besitzen, wäre ich vielleicht annähernd Millionär.

Nun wird jeder sagen: Das kann ich aber auch! Das ist doch keine Kunst!

Genau das ist der Kick! Das kann jeder. Jeder kann »Mensch« sagen.

Anstatt »Schwein«, »Drecksack« oder »Scheiß ...«.

Wer »Mensch« sagt, hat sich allerdings festgelegt. Auf Gastfreundschaft und gleiche Würde. Damit wird er zum Künstler, denn er kann es ja: Mitbauen an einer sozialen Wärmeskulptur. Wer »Mensch« sagt, baut mit an einer sozialen Plastik. Gastfreundschaft als wahre Lebenskunst.

Auch Gott hat Mensch gesagt, er ist es geworden. Wahrscheinlich ist Weihnachten für die meisten Christen deswegen das wichtigste Fest, weil sie spüren, da ist Gott nicht außen vor, sondern mittendrin. Mit Haut und Haaren. Mensch.

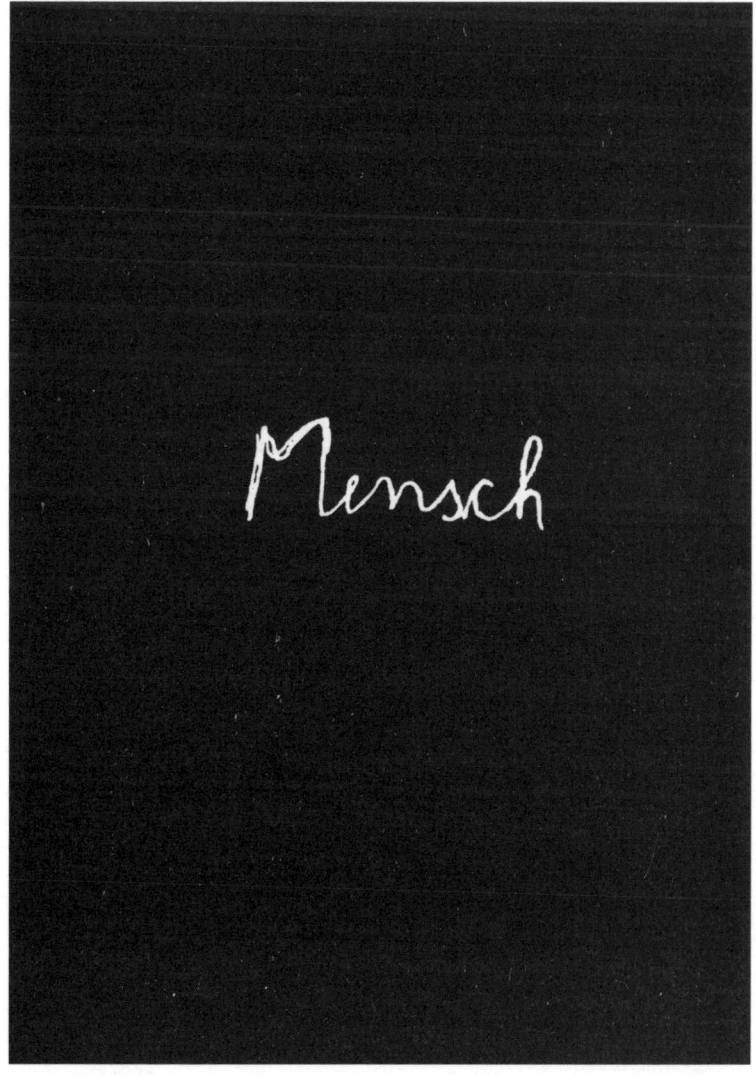

3. KAPITEL

»Ich bau 'ne Stadt für dich«
(Cassandra Steen)

ODER: KIRCHE VOR ORT
Von Peter Otten

Auch der Glaube braucht Orte. Das scheint zunächst ganz einfach zu sein: Die Kirche ist der Ort, an dem das Heil geschieht. Aber was für eine Kirche ist das? Die wie aus einem Werbespot: »Mein Haus, meine Yacht«, also auch »Mein Heil, meine Kirche«? Wohl nicht. Hans-Joachim Höhn sagt: »Das theologische Selbstverständnis der Kirche als Zeichen des Heils, als Salz der Erde ist extrovertiert – auf Offenheit und Öffentlichkeit angewiesen.« Extraversion meint eine Haltung, die sich von sich selber weg nach außen wendet. Wer extrovertiert ist, empfindet den Austausch und das Handeln innerhalb sozialer Gruppen und zwischen ihnen als anregend. Jürgen Habermas versteht Öffentlichkeit als die »Sphäre der zum Publikum versammelten Privatleute« (»Publikum«: dem Volk, der Allgemeinheit zugehörig, die öffentliche Versammlung). Interessant: Kirche so verstanden wäre dann ein offener Raum für Heilvolles. Der Raum, der nicht um seiner selbst willen da ist, der auf den anderen oder das andere hin angelegt ist. Und die Menschen dort sind keine »Privatiers«, sondern werden selbst Teil der *res publica,* der »öffentlichen Sache«, die auch in der Kirche verhandelt wird. Jürgen Werbick ergänzt: »Die

Orte selbst vermitteln die Erfahrung von Zugänglichkeit oder verweigern sie; sie sind Zeugnis für Gottes Zugänglichkeit – oder Antizeugnis« (J. Werbick, Warum die Kirche vor Ort bleiben muss. S. 72). Er verweist auf Zweierlei: Der Zugang zur Kirche darf nicht hermetisch verschlossen sein, er wird nicht einmal gewährt, er ist selbstverständlich. Denn Gott ist selbstverständlich zugänglich. Wenn die Kirche verschlossen oder ein geschlossenes System ist, wird sie zum »Antizeugnis«, zum Gegenteil von dem, was sie eigentlich sein soll. Quasi ein Un-Ort.

Kirche schafft, garantiert oder hält einen Ort vor, an dem sich Menschen in einem Viertel, in einem Dorf zum »Publikum« versammeln und ihre »Sachen« verhandeln und regeln. Dieser Ort ist nicht irgendwo auf einem geheimnisvollen Berg, sondern mitten unter den Menschen. In der Sprache der Soziologen könnte man formulieren: Kirche ist im Sozialraum der Menschen. Das Stadtviertel ist für die Menschen, die in ihm leben, wohnen, arbeiten, zur Schule gehen, ein gemeinsamer Sozialraum: ein Raum, der »sozial« – also gemeinsam, im Verbund – gestaltet wird und der allen gehört. Die Kirche ist ein Teil davon. Also gehört die Kirche nicht sich selbst, sondern allen.

KIRCHE: IN DIE FLÄCHE BESTELLT

Auf dem Gelände der Gesamtschule in Köln-HöVi befindet sich eine große Grünfläche, die an einen öffentlichen Weg grenzt. Die Fläche war mit den Jahren sehr verwildert. Große Büsche machten sie undurchdringlich, Kinder und die meisten Jugendlichen haben diesen Ort gemieden. So konnten sie einen beträchtlichen Teil »ihres« Schulhofs nicht mehr nutzen. Im Gebüsch wurden Drogen verkauft.

Das Grünflächenamt der Stadt hatte keine Kapazitäten, um zu helfen. Also sprang ein Team von ehrenamtlichen Leuten aus dem Viertel ein, ergänzt durch einige Hartz-IV-Kräfte der Gemeinde. Und im Handumdrehen wurden die Büsche entfernt, Bäume gefällt oder zurückgeschnitten. Es entstand eine neue große Wiese, keine dunklen Ecken mehr. Schüler und Lehrer waren begeistert. Wem gehört die Stadt? So könnte man fragen. Zumindest aber: Wie soll unser Ort beschaffen sein? Wie soll der Sozialraum sein? Welche Qualität soll er haben? Welches Klima soll herrschen? Dass Kirche als Teil des Sozialraums und als Spielort gemeinsam gestalteter Prozesse darin segensreich wirken kann, liegt auf der Hand – ist lediglich, wie wir gesehen haben, eine Frage der Perspektive.

Als Pastoralreferent, Jugendleiterin, Lehrerin oder Priester in einem eher ärmeren Viertel erhält der oder die sehr schnell Respekt von den Menschen im Viertel entgegengebracht, wenn diese den Eindruck haben: »Der/die setzt sich nicht ab.« Stehe ich an der gleichen Supermarktkasse mit anderen Kunden und schimpfe über den miesen Service, kämpfe ich mit anderen Eltern in der gleichen Elternpflegschaft für eine gute Schule, trinke ich hin und wieder in der gleichen Eckkneipe mein Kölsch, dann geschieht schon ganz viel. Die Leute merken: »Er ist einer von uns.« Nicht wie ein Berater, der morgens kommt und nachmittags wieder in seine Behaglichkeit irgendwo außerhalb entwischt. Den Sozialraum mit allen anderen teilen, einfach dazugehören: für die Menschen in diesem Raum ist das eine ganz wichtige Beobachtung, für einen selbst eine Erkenntnis, für die Qualität und das Gelingen in der Arbeit vielleicht der wichtigste Dünger. Das heißt nicht, dass man sich an das Leben der Menschen und die Verhältnisse, die man vorfindet, völlig unterschiedslos anpasst. Aber dadurch,

dass Menschen spüren: »Er oder sie ist eine oder einer von uns!«, werden die eigenen Akzente für andere Menschen interessant. Ihre Neugier erwacht. Wo passiert »das Heil«? Natürlich im gemeinsamen Gottesdienst. Aber dort bleibt es nicht zwischen Mauern zurück. Vor der Kommunionspendung sagt der Priester manchmal: »Werdet, was ihr empfangt: Leib Christi.« Früher hieß es auf Latein am Ende der Messe: *»Ite, missa est.«* Übersetzen könnte man mit: »Los geht's! Ihr seid geschickt!« Das heißt, der Gottesdienst geht auf den Straßen und Plätzen, an der Supermarktkasse, bei der Elternpflegschaft oder in der Eckkneipe weiter. Das heißt aber auch, dass die Straßen und Plätze wie die Kirche Orte des Gottesdienstes sind. Und »drinnen«, in der Kirche, hat das, was »draußen« passiert und die Menschen bewegt, seinen Platz. Der Gottesdienst bezieht den Sozialraum ein. Was denn anderes könnte das Zweite Vatikanische Konzil gemeint haben, als es sagte: »Freude und Hoffnung, Trauer und Angst der Menschen von heute, besonders der Armen und Bedrängten aller Art, sind auch Freude und Hoffnung, Trauer und Angst der Jünger Christi. Und es gibt nichts wahrhaft Menschliches, das nicht in ihren Herzen seinen Widerhall fände« *(Gaudium et Spes,* 1). Freude und Hoffnung, Trauer und Angst der Menschen, ihr Alltag finden im Gottesdienst statt. Und für eine segensreiche Pastoral ist der Sozialraum immer der Ausgangspunkt. Was heißt das konkret? Ein Beispiel ist die bereits vorgestellte Hilfe der Kirchengemeinden in Höhenberg/Vingst für Kinder, Jugendliche und Lehrer, die eigene Sexualität und die der anderen zu verstehen und damit selbstbewusst, froh und verantwortlich umzugehen. Nehmen wir ein weiteres Schulbeispiel:
Stellen Sie sich für einen Moment vor, Sie wären Lehrerin oder Lehrer, sagen wir an einer Grundschule. Und stellen

Sie sich weiter vor, Sie beginnen ein neues Schuljahr als Klassenlehrerin oder -lehrer mit neuen Schülerinnen und Schülern. Sie stellen fest, ein Drittel der Kinder hat eine unvollständige Ausstattung: Keine Buntstifte, keine Hefte, keinen Schnellhefter, keinen Ordner, vielleicht sogar keinen oder nur einen zerschlissenen Ranzen. Die Frage nach Bildungsgerechtigkeit und Teilhabe an Bildung ist dann keine theoretische mehr, sie ist Ihnen plötzlich auf den Pelz gerückt. Wie gehen Sie vor? Sie könnten die Eltern ermahnen, die Sachen einzukaufen. Sie könnten mit der Schulleitung oder mit dem Ministerium das Problem erörtern, dagegen protestieren und mehr Geld und Unterstützung fordern. Schön wäre aber, wenn Sie einfach an einen Ort gehen könnten, wo Sie all dies unbürokratisch für die Kinder mitnehmen könnten. Zum Beispiel in einem Schulbuchkeller der Kirchengemeinde. Dort gehen Sie mit Ihrer Liste hin und nehmen das mit, was Sie für Ihre Kinder, aber auch für Ihren Unterricht brauchen: Filzstifte, dicke und dünne Pappe, Scheren, Zirkel, sogar Schultüten für die Einschulung und moderne Schulranzen. Denn dort werden solche gespendeten Sachen angenommen, sortiert und wieder abgegeben. Natürlich wäre es für alle besser, man bräuchte so eine Einrichtung nicht. Sozialräumliches Denken bedeutet aber: Wir alle kümmern uns gemeinsam um die Basics, weil wir die wirkliche Lage in den Blick nehmen. Es gibt nicht mehr wir hier und ihr da, diesseits und jenseits. Gemeinsam kümmern wir alle uns um gute Bildung, gutes Wohnen, gute Ausbildung und gute Arbeit, um Kultur, ein schönes Wohnumfeld. Weil alle merken, was man alleine nicht, aber gemeinsam erreichen kann. Weil wir uns auf gemeinsame Ziele verständigt haben. Nichts spricht dagegen, dass eine gute Bildung im Sozialraum auch auf der Agenda der Kirchengemeinde steht.

GOTTES HEIL IM VIERTEL

Die Beispiele aus dem Schulbereich zeigen: Die gemeinsam und füreinander wahrgenommene Verantwortung prägt, gestaltet und stabilisiert den Sozialraum. Die Pointe: Sie prägt, gestaltet und stabilisiert auch die Kirche als Teil des Sozialraums, auch wenn das nicht die Intention war. Es besteht die begründete Hoffnung – wir lesen sie an der Wirklichkeit ab –, dass sich der Sozialraum dadurch positiv verändert. Ist das vielleicht das Heil, das durch die »Schickung« – »*Ite, missa est!*« – passieren soll?

Hier ist eine Geschichte; eine Frau entdeckt in der unmittelbaren Wirklichkeit Hoffnung und Heil:

Mein erster Eindruck von der Gemeinde war ein Gottesdienst am Sonntag. Und sofort dachte ich: Ist das lebendig hier! Die Kirche war voll, es waren viele Kinder da und es war sehr quirlig. Trotzdem war der Gottesdienst selbst sehr festlich, obwohl kein wichtiger Feiertag war. Halt einfach Sonntag. Und der Kirchenmusiker an der Orgel ist mir sofort aufgefallen. Jedes Lied und jede Strophe waren passend ausgesucht. Kurzum, es war ein kleines Fest mit rührenden, nachdenklichen, lustigen Momenten. Und das Schöne: Es war keine Momentaufnahme. So ist es fast jedes Mal, wenn ich da bin.
Schön ist auch das Zusammensein nach dem Gottesdienst. Das findet auch in der Kirche statt. Das kannte ich bis dahin gar nicht. Völlig ungewöhnlich, aber sehr schön. Kaffee und Kuchen für alle, im Sommer Eis für die Kinder, manchmal duften frische Waffeln schon während des Gottesdienstes, alles gibt's umsonst. Im Sitzen oder am Stehtisch. Ganz zwanglos. Oft hängt in der Kirche eine neue Kunstausstellung, dann kann man sich die Bilder in Ruhe ansehen. Und man kann den Gottesdienst gemeinsam ausklingen lassen. Die tolle Musik habe ich schon erwähnt. Das rührt mich jedes Mal an. Es wird viel gesungen. Gerne bringt der Organist

noch andere Musiker mit anderen Instrumenten mit. Mal eine Flötistin oder jemanden mit einem Saxophon. Oder es singt ein Chor. Und dann wird auch applaudiert. Gerne auch mitten im Gottesdienst.

Jetzt habe ich ganz viel über die Kirche und die Messe gesprochen. Aber HöVi ist ja viel mehr. Mein Eindruck ist immer, das einzige Ziel der Gemeinde ist die gelebte Menschenliebe. Und die ist herrlich pragmatisch. Neulich wurde im Gottesdienst verkündet, dass jemand dringend eine Waschmaschine braucht. Wer eine übrig hätte, solle sich melden. Eine Woche später die frohe Botschaft: Nicht nur eine, sondern drei Maschinen sind angekommen. Und alle drei haben schon einen neuen Besitzer. Allerdings brauchte man nun eine vierte ...

Ich habe den Eindruck: Das Gemeindekonzept ist das »Wir-Gefühl«. Wir in HöVi schaffen es gemeinsam. Wollen wir doch mal sehen! Das ist die Botschaft, die irgendwie alles durchdringt und von der die Gemeinde lebt, glaube ich. Das motiviert die Menschen, vor allem auch die vielen Ehrenamtlichen, etwas für den Stadtteil, die Gemeinde oder für die Nachbarschaft zu tun. Sie spüren, dass sie selbst langfristig davon profitieren und dass jeder was tun kann. Keiner hat das Gefühl, er wird nicht mehr gebraucht.

Ich werde selbst bald katholisch. Ich wurde evangelisch erzogen und habe lange gut ohne Kirche leben können. HöVi hat mich überzeugt, dass es echte christliche Gemeinschaft noch gibt und zwar so, wie sie Jesus wahrscheinlich richtig gut gefunden hätte. Nicht Friede, Freude, Eierkuchen, sondern Tatkraft, Mut und Liebe. Dieser Gemeinschaft möchte ich angehören, auch wenn ich mit vielen Dingen in der katholischen Kirche nicht einverstanden bin. Am Tage des Kircheneintrittes, habe ich mir überlegt, werde ich wohl Unterstützerin der Kirchenreformbewegung »Wir sind Kirche«, als Ausgleich quasi ...

Außerdem interessiere ich mich zum ersten Mal in meinem Leben selbst dafür, auch ehrenamtlich was zu tun. Ich werde

Firmkatechetin, mein erstes Ehrenamt in HöVi. Ich wurde gefragt, ob ich die Mitwohnwoche von 35 Jugendlichen mitmachen und selber mit begleiten will. Spannend, habe ich gedacht und auch, dass ich völlig unqualifiziert bin. Mit Jugendlichen habe ich lange kaum Kontakt gehabt, in Sachen Jugendarbeit bin ich völlig ungeschult und katholisch werde ich ja selber erst gerade. Die Antwort vom Pfarrer war: »Es gibt nur eine Voraussetzung: die vier Ms: Man muss Menschen mögen.« So einfach kann das sein. Was willst du da noch sagen?

Der ehemalige Wirt einer Vingster Gaststätte ist seit Jahrzehnten im Karneval, aber auch als Technik-Chef im »Hö-Vi-Land«, der großen Kinder- und Jugendsommerfreizeit mitten im Viertel, engagiert. Er sagte einmal in breitem Kölsch: *»Dat sinn doch all unsere Pänz!«* Das sind doch alles unsere Kinder! Er meinte damit nicht nur seine eigenen Kinder, die Kinder in seinem Karnevalsverein oder die Kinder, für die er im »HöVi-Land« im Sommer Wasser- und Stromleitungen verlegt. Er meinte damit alle Kinder im Viertel. Darum geht's: Zu spüren, wo meine Verantwortung liegt. Den Kreis nicht zu eng ziehen. Der Karnevalsverein des Wirtes betreibt eine eigene Kindertanzgruppe. Selbstverständlich konnte diese, solange es Raumnot gab, in den Räumen der Kirchengemeinde trainieren. Und bei der vereinseigenen Nikolausfeier kamen Spielsachen aus gemeindeeigenen Spenden unter den Weihnachtsbaum. Natürlich, denn in einem Karnevalsverein, der in einem armen Viertel ein wichtiger Kulturträger ist, wird gute Kinder- und Jugendarbeit gemacht. Sozialräumlich gedacht: Verantwortung hört nicht vor der Kneipe, nicht vor dem Schultor, dem Vereinsheim und auch nicht hinter der Kirchentüre auf. Das sind doch alles unsere Kinder! Man spürt: Sozialräumliches pastorales Denken hat viel zu tun mit der Prägung einer Viertelsidentität. Sie ist real, weil man sich aufeinander verlassen kann: das Kind auf den Wirt und Präsidenten, die Kinder auf die Lehrer, die Lehrer auf die Kirche, die Kirche auf den Karnevalsverein. Und umgekehrt.

Eines Tages hingen im Viertel Plakate. Der Karnevalsverein feierte Jubiläum. So stand auf den Plakaten eben auch und ganz dick:»11 Uhr Festgottesdienst in St. Theodor«. Niemand war auf die Idee gekommen, etwa den Pfarrer oder den Pfarrgemeinderat zu fragen oder über die Absicht zu informieren, ihr Fest mit einem Gottesdienst zu beginnen. Und was gewöhnlich mitunter zu viel Zank und Streit führen kann, löste sich hier in einem wunderbaren Ereignis auf. Denn natürlich füllte Marschmusik den Vorplatz der Kirche, als die Mitglieder des Karnevalsvereins in einer munteren Prozession vom Vereinslokal zur Kirche zogen, um pünktlich um 11 Uhr die Kirche zu betreten. Natürlich sang der Kinderchor in diesem Gottesdienst, auf den Bänken lagen bunte Tröten, durch die die Feiernden zwischendurch fröhlich bliesen. Natürlich gab es Ehrenplätze für den Präsidenten und Blumen für die Gattin. Natürlich würdigte die Katechese den Beitrag des Karnevals für die Kultur und den Frieden in einem Viertel. Gottesdienst ist öffentlich und für alle da. Mit ihrem Plakataufdruck hatten die Karnevalisten gezeigt, dass sie verstanden haben: Der Gottesdienst ist auch unser Gottesdienst. Und unsere Sache hat da einen Platz, ganz selbstverständlich, ohne Anmeldung und Tagesordnung.

WIR GLAUBEN AN UNS IM VIERTEL

Im sozialräumlichen Denken geht es immer um Identität. Wer sind wir da, wo wir wohnen? Wie verstehen wir uns? Und wer bin ich selbst, mitten unter den anderen? »Hier hält man zusammen« – heißt es in einem Karnevalslied, das das Leben in Kölner Stadtvierteln besingt – »egal, was auch passiert.« Das riecht ein bisschen nach »Musikanten- stadl«, birgt aber – jenseits der Bierseligkeit – eine tiefe Wahrheit. In Köln-Höhenberg/Vingst gibt es eine Viertels- identität. Die entsteht durch ein kulturelles Fragespiel: Wer bin ich im Zusammensein? Als Mann oder Frau, als Va- ter oder Mutter, als Erzieher oder Schüler, Häuptling oder Indianer? Es geht darum, die Möglichkeiten, die sich in jedem Einzelnen verbergen, zu entdecken und sie zu kul- tivieren: Was kann ich? Wie wirke ich? Wie leite ich? Was ist mein Talent? Wie kann daraus ein Beruf oder eine Pas- sion werden? Wie kann ich andere daran teilhaben las- sen? Die Frage der Gemeinschaftserfahrung schließt sich an: Wer hilft mir dabei, ich selbst zu sein? Zu sich selber findet der Mensch nur im Kontakt mit anderen. Im sozial- räumlichen Denken geht es immer um kultivierte Begeg- nungen – und Kirche stellt sich in ihren Dienst, um sie »in einem guten Geist« zu ermöglichen. In Köln-Höhenberg/ Vingst drückt das Kunstwort »HöVi« etwas von dieser Viertelsidentität aus: Die Kinder im Viertel werden HöVi- Kinder genannt, die Kommunionkinder sind folglich die »HöVi-Kokis«. Es gibt das HöVi-Stadtteilmanagement, das Maßnamen zur sozialen Stabilität im Viertel koordiniert. Die HöVi-Familienwerkstatt ist für die Familien da. Es gibt HöVi-Stadtpläne, die kostenlos verteilt werden und in de- nen alle wichtigen Einrichtungen, vor allem die sozialen Initiativen und Träger verzeichnet sind. Und es gibt »HöVi-

Land«. Vielleicht der Quantensprung im sozialräumlichen Denken. Damit fing vor sechzehn Jahren alles an.

HöVi-Land ist auf keiner Karte zu finden. Es gibt keinen Präsidenten, kein Parlament, keine Verfassung und keine Abgeordneten. Und es gibt all das in anderer Weise doch: Es gibt Leitung, Beratung und Beschlüsse, Struktur und Regeln – und vor allem viele Kinder, Jugendliche und Erwachsene, die das Land bevölkern, beleben und gestalten. HöVi-Land ist aus Bedürfnissen der Bürger von Köln-Höhenberg und -Vingst heraus entstanden. Es ist buchstäblich ein Projekt, was »unten« erdacht und entwickelt wurde. Und wahrscheinlich auch deswegen so wichtig geworden ist. Viele Kinder und Jugendliche können nach einem anstrengenden Schuljahr keine Ferienreisen machen. Ihre Eltern können sich Urlaub einfach nicht leisten. Früher gab es in den Ferien die Stadtranderholung. Die Ferienkinder reisten ins Bergische Land, wo es jeden Tag ein neues Ferienprogramm gab. Jeden Tag ging es mit Bussen morgens hin und abends wieder zurück. Doch irgendwann stellte sich die Frage: Warum Zeit und Energie in Transporte stecken? Holen wir doch die Ferien nach Hause, zu den Leuten! HöVi-Land war geboren, indem man die Idee der Stadtranderholung einfach vom Rand in die Mitte geholt hat. Denn im Viertel liegt mitten in einem bunten Wald eine große Wiese – wie geschaffen für viele Gruppenzelte, Küche, Buden und eine Bühne. Nebenan gibt es ein Naturfreibad, ein riesiges unbebautes Feld zum Toben und für Abenteuerspiele, einen Kleingartenverein mit Wasser- und Stromanschluss. Viele Menschen finden sich ein mit viel Zeit, Kreativität und Energie zum Helfen. So entsteht jedes Jahr in den ersten drei Wochen der Sommerferien eine Stadt in der Stadt, sogar ein ganzes Land.

Inzwischen kommen 550 Kinder, in etwa 30 Gruppen nehmen sie dort am täglichen Programm teil. Es besteht aus gemeinsamen Ausflügen, Workshops und gruppeneigenen Aktivitäten. Alles selber geplant, selber gemacht. Die meisten erfahren dort zum ersten Mal Gemeinschaft: Beim Essen, beim Singen, beim Spielen, auch im Wettkampf. Gemeinschaft, die Begegnung mit dem anderen, weckt die Frage nach der eigenen Identität: Wer bin ich? Eigene Kreativität und Begabungen werden durch vielfältige Aktionen entdeckt, gestärkt, bewusst gemacht. Circa 100 jugendliche Leiterinnen und Leiter werden etwa ein halbes Jahr lang auf ihre Aufgaben hin pädagogisch geschult und menschlich gefördert und übernehmen während des Camps in Viererteams Verantwortung für eine Gruppe. Früher waren sie selbst HöVi-Land-Kinder, sie wechseln mit 15 Jahren die Rolle. Sie steigen auf vom Schnupperleiter, einer Art Azubi-Leiter, über den Gruppenleiter hin zum Kontinentleiter, der schon Ansprechpartner für alle Leiter einer Altersstufe ist. Manche begegnen im HöVi-Land zum ersten Mal ihren Potenzialen und Grenzen, andere entwickeln konkrete Berufsvorstellungen. Viele HöVi-Land-Leiterinnen und Leiter sind heute erfolgreiche und zufriedene Pädagogen, Mediengestalter, Lehrer, Kinderpflegerinnen, Elektriker oder Hausmeister.

Auch 150 Erwachsene machen mit. Zum Teil haben sie selbst ihre Kinder oder Enkel dort. Andere sind wichtige Kulturträger im Viertel, engagieren sich im Karnevals- oder HöVi-Bürgerverein. Wieder andere wollen einfach nur dabei sein, denn das Ziel ist klar: *»Dat sinn doch all unsere Pänz!«*, es geht um die Kinder und Jugendlichen. Und damit auch um die eigene Zukunft und den Zusammenhalt im Viertel. Alles hat mit Allem zu tun, das ist spürbar zwischen Zelten und Buden, Bühne, Trubel, dem Lärmen der Kinder. Die Erwachsenen arbeiten in Technik,

Küche und Café mit, bieten kreative und sportliche Workshops an oder begleiten Gruppen auf Ausflüge. Wieder andere engagieren sich das ganze Jahr in der Organisation, stellen das Programm zusammen, sorgen für Ausrüstung und Fahrzeuge oder erledigen die notwendige Bürokratie. »Früher war HöVi-Land ein schönes Angebot der Kirche«, sagt ein Vater, »heute ist es ein Lebensgefühl.« Neben Karneval als fünfter Jahreszeit ist HöVi-Land die sechste. HöVi-Land wirkt wie ein Sauerteig in Höhenberg und Vingst. Im HöVi-Land lernen alle gemeinsam, dort erweist und erfährt man Respekt, und für das gemeinsame Ziel leisten alle einen Beitrag. Diese HöVi-Land-Essenzen nehmen Kinder, Jugendliche und Erwachsene mit in den Alltag und in die Struktur des Viertels. Die Saat muss aufgehen. HöVi-Land ist daher nicht nur ein großes Spiel, sondern auch ein Labor für den Ernst des Alltags: wie Solidarität und Subsidiarität, Achtsamkeit und Miteinander gelingen können. Wie Menschen Lebensperspektiven finden. »Wir bleiben hier, wir reisen nicht fort«, singen die Kinder morgens auf der Bühne. Wir resignieren nicht, heißt das auch, wir glauben an uns, weil wir spüren, dass andere auch an uns glauben. Es geht um Heimat und darum, einen Ort zu haben. Und darum geht es auch, wenn man die Kirchenpastoral sozialräumlich denkt.

HöVi-Land endet jedes Jahr in einem Meer von Tränen. Die Kinder weinen, weil die Gruppe, die sie drei Wochen gehalten hat, nicht mehr da ist, und weil sie ihre Gruppenleiter gehen lassen müssen. Die Jugendlichen weinen, weil ihnen die Kinder ans Herz gewachsen sind und weil sie gespürt haben, was an ungeahnten Möglichkeiten in ihnen steckt. Erwachsene heulen aus Sympathie mit und weil sie es selbst ja genauso erleben wie die Kinder.

KOMPLIZEN IM LEBEN UND IN DER FREUDE

Klingt Sozialraumorientierung auch ein wenig nach Überforderung? Wie übersichtlich ist doch die eigene Hütte mit der eigenen Wiese davor! Wie schnell hat man da alles erledigt und seine Ruhe. Aber ist das nicht auch bald langweilig? Sozialräumlich gedacht: Man braucht Komplizen zum Leben und zur Freude. Dazu gehören viele, Spender und Wohltäter, Menschen, die eigenständige Projekte entwickeln und durchführen können, Menschen mit bestimmten Kenntnissen, Menschen, die nicht unbedingt treue Katholiken sind, nicht »Kerngemeindemitglieder«, die aber Ziele und Inhalte der Kirchengemeinde teilen, wenn sie nur offen erkennbar und gut für viele sind. Weil auch sie wollen, dass ihr Lebensort lebenswert bleibt, der Sozialraum sozial. Dann greifen sie die »kirchlichen« Ideen auf, präzisieren sie, entwickeln sie weiter und setzen sie um.

So ein Mensch ist auch Adolf-Peter Koof. Der pensionierte EU-Beamte machte sich, kurz nachdem die rot-grüne Bundesregierung das Stiftungsgesetz geändert und die Gründung von Stiftungen erleichtert hatte, ans Werk. Er bewältigte alle rechtlichen und bürokratischen Klippen, um die Gründung der HöVi-Stiftung zu ermöglichen. Mit der Stiftung werden wichtige Projekte wie HöVi-Land oder das Sozialraummanagement langfristig abgesichert. Das wäre ohne einen Menschen wie den Herrn Koof nie oder nur mit größter Mühe erreichbar gewesen. Über seine Motive sagt er: »Liebe und Achtung des Nächsten machen das Leben erträglicher, manchmal sogar richtig schön. Natürlich kann ich manchen Nächsten weder lieben noch achten. Lebenslange Saufköppe und arbeitsscheue Sozialprofis sind meine Sache nicht, auch nicht die, die ihre Frauen vertrimmen oder ihre Kinder sich selbst überlassen. Obwohl ich solche Typen weder lieben noch achten kann, bin ich dabei, wenn es darum geht, ihnen mit Rat und Tat zu helfen – aus einem simplen Grund: Sie stören mich. Das reicht, um mir meinen Seelenfrieden zu nehmen und meine Lebensfreude zu beeinträchtigen. Und um die intakt zu halten, mache ich bei dem Sozialunternehmen HöVi mit.« Sozialräumliches Denken kommt ohne die Suche nach Unterstützern, nach Komplizen nicht aus. Deren Motive, Biografien und fachliche Kenntnisse sind oft sehr verschieden. Zusammenzufinden ist zunächst mühsam, aber auch spannend und effizient, weil sich darüber neue und größere Netzwerke bilden können. Und weil Kenntnisse und Gedanken von außen das »christliche« Netzwerk »frisch« halten und befruchten. Komplizen können Lehrerinnen und Lehrer, Christinnen und Christen anderer Konfessionen, natürlich auch Menschen anderer Religionen, Erzieherinnen und Erzieher, Stadtteilpolizisten, Künstler, Ärzte, Pensionäre, also alle möglichen Menschen sein.

Komplizensuche im Sozialraum geht aber auch ganz einfach. Ein sehr erfolgreiches Modell ist »Familie und Nachbarschaft«, abgekürzt FUN. Dort wird etwas neu belebt, was für ältere Generationen, die in den zahlreichen Genossenschaftswohnungen unserer Stadtviertel zu Hause sind, früher Bestandteil der normalen Alltagskultur war. Sie erzählen noch davon, wie früher die Wohnungsschlüssel selbstverständlich außen auf den Schlössern steckten. Nachbarn, vor allem die Kinder, gingen aus und ein. Man besuchte sich, spielte und »klaafte« miteinander (ein schönes kölsches Wort für »ein Schwätzchen halten«). Man sorgte füreinander, wenn jemand krank war. In den Kellern befanden sich oft Feten- oder Hobbyräume für gemeinsame Nachbarschaftsfeste bei Geburtstagen oder an Karneval. Natürlich gibt es solche Hausgemeinschaften noch, aber sie werden seltener. FUN, ein Programm, das die evangelische Diakonie entwickelt hat, setzt an dieser Stelle an. Acht Familien treffen sich acht Mal, in HöVi in Räumen der evangelischen Gemeinde. Dort verbringen sie drei Stunden zusammen, die immer gleich ablaufen: Eine Familie hat ein Essen vorbereitet und bringt es für alle mit. Dann wird gemeinsam gespielt. Anschließend verbringt jede Familie Zeit mit sich selber: Zeit zum Erzählen von Schönem und vielleicht auch von Sorgen, Zeit zum Zuhören und Nachfragen, Zeit zum Spielen. Zum Schluss gibt es gemeinsame Zeit mit allen Familien: zum Austausch, zum Freundschaften schließen, für weitere Verabredungen. Dabei werden die Familien von qualifizierten haupt- und ehrenamtlichen Teamern unterstützt. Durch FUN wird das wichtigste Kapital im Zusammenleben von Menschen generiert: Vertrauen. In sich selbst als Vater, Mutter oder Kind und in den eigenen Beitrag zu einem gelingenden Familienleben. In den Zusammenhalt der eigenen Familie, aber auch der Nachbarschaft und zu anderen Familien. »Familienleben ist nicht immer leicht«, merken sie. »Aber wir schaffen das, keine Familie ist perfekt. Wir können voneinander und miteinander lernen.« Nach acht Treffen sind die Familienverbünde stärker und selbstbewusster. Zudem vernetzen sich die Familien weiter, auch ohne die Hilfe von Trainern. Neue Netzwerke entstehen, eine Art neue Nachbarschaft. Inzwischen hat sich die FUN-Idee im ganzen Viertel etabliert. Erzieherinnen und Erzieher haben die Qualifikation zur Trainerin oder zum Trainer erworben und bieten entsprechende Kurse in ihren Einrichtungen an. So ist eine einfache Form des Netzwerkens in einem Sozialraum zu einer Bewegung geworden.

Sozialromantik? Zumindest ist vieles simpel, aber vielleicht wegen der Einfachheit mitunter sehr effektiv. Das gilt im Übrigen für das sozialräumliche Denken überhaupt: Das ist manchmal so einfach, dass man einfach nicht drauf kommt.

4. KAPITEL

»Gib mir ein kleines bisschen Sicherheit«
(Silbermond)

GESCHWISTERLICHKEIT MACHT GLÜCKLICH
Von Franz Meurer

Wann sind Frau und Mann gesund und glücklich?
Eine Untersuchung, publiziert in der *Zeit* im Sommer 2009,
bringt dieses Ergebnis: Wer einen guten Ehepartner hat, ist
um acht Prozent gesünder als andere. Wer lieben Kontakt
zu seinen Geschwistern pflegt, dem geht es um 14 Prozent
besser. Wer freundliche Nachbarn hat und mit ihnen im
Frieden lebt, ist um 34 Prozent gesünder.
Ein erstaunliches Ergebnis. Aber wenn man darüber nach-
denkt, ist es logisch. Schon in der Französischen Revo-
lution hießen die Forderungen der Sehnsucht: Freiheit,
Gleichheit – und Brüderlichkeit. Heute würden wir wohl
Geschwisterlichkeit sagen.
Niemand hat einen einklagbaren Anspruch auf Geschwisterlichkeit. Die Nachbarn können garstig sein, pedantisch
und das Gegenteil von kinderlieb. Geschwisterlichkeit ist
eine Spielart der Solidarität. Sie ist ein Geschenk. Der, dem
es gut geht, setzt sich für den ein, der ein Problem hat.
Das Wort kommt aus dem römischen Recht. *Solidum dare*
meint eine Bürgschaft eingehen für einen Bedürftigen.
Richard Sennett sagt: »Eine der unbeabsichtigten Folgen
des Kapitalismus ist die Stärkung des Ortes, die Sehnsucht

der Menschen nach Verwurzelung in einer Gemeinde.«
Gute Nachbarschaft macht glücklich! Peter Handke formuliert direkt:»Ohne Ort kein Glück, ohne Ortsgefühl kein
Nachhalt.«
Wie wichtig für eine nachhaltige Entwicklung die Nachbarschaft ist, zeigt in ihrem Lebenswerk Elinor Ostrom
(welch schöner Name!), die den Nobelpreis für Wirtschafts-
wissenschaften 2009 erhielt. Ressourcen-Probleme können
oft weder vom Staat noch von übergeordneter Verwaltung
bewältigt werden. Wenn die Allmende, also die gemeinsam
genutzte Weidefläche der Tiere, von zu vielen Tieren ge-
nutzt wird, oder wenn die Wasservorräte zur Neige gehen,
kommt eine Lösung zumeist und am besten durch die intensive Kommunikation der Menschen vor Ort. Sie sind die
Spezialisten, sie kennen die Umstände.
Im Kleinen gibt es dieses Problem auf jedem Bolzplatz. Wer
darf wann spielen? Gilt immer das Recht der Stärkeren?
Oder lässt sich die Regel einführen: bis 18 Uhr die Kleinen, dann die Jugendlichen?! Hilfreich ist ein erwachsener
Spielplatzpate, der koordiniert. Allerdings muss er *street
credibility* erwerben, also Respekt durch soziale Kompetenz
in der Konfliktlösung.
Was gehört wem? Diese Frage ist schon für kleine Kinder
sehr wichtig. Teilen ist erst angesagt, wenn sich ein si-
cheres Selbstgefühl entwickelt hat, nach dem Vorbild der
Eltern.
Die Kirche und die Räume der Gemeinde gehören grund-
sätzlich allen. Sie sind öffentlicher Raum. Also offen für
alle, Schlüssel an alle.
Richard Sennett hat bereits 1974 über die Wandlung der
öffentlichen Sphären geschrieben. Sein Buchtitel bringt
seine Kritik auf den Punkt:»Die Tyrannei der Intimität.
Verfall und Ende des öffentlichen Lebens«. In der Archi-

tektur wie in der Platzgestaltung der Städte und Gemeinden erkannte er einen Trend zu Kleinräumigkeit und Indi-
vidualisierung. Er plädierte für Räume und Plätze, deren
einziger Zweck es ist, zusammenzuführen. Weil aber die
Menschen, um gesellig sein zu können, Abstand und Ma-
nieren brauchen, sollten diese Räume und Plätze großzügig dimensioniert sein. Es geht also nicht um ein Abbild
der Nähe, die der Familienverband bietet, sondern um die
erwachsene Begegnung im öffentlichen Raum.

Obwohl in unserer nahen und weiterer Umgebung gut
15.000 Industriearbeitsplätze wegfielen, hat sich der Wille
zur Solidarität erhalten. Die alte Arbeiterklasse mit ihrer
Bereitschaft zur gegenseitigen Hilfe ist nicht verdunstet.
Die Erinnerung an die Bedeutung einer starken Gewerkschaft und eines aktiven Betriebsrates lässt sich jederzeit
»wachküssen«. So erzählen die Menschen bei uns zum
Beispiel von einem Waldspielplatz für die Kinder, den der
Betriebsrat der Chemischen Fabrik angelegt hatte. Am Wochenende war er das gemeinsame Ausflugsziel.

MANCHMAL MUSS KIRCHE SEIN

Als in unserem Viertel die Plakate hingen, »33 Jahre Vingster KG, 22 Jahre Präsident Klaus J., 11 Uhr Festgottesdienst in St. Theodor mit Fahnensegnung«, freuten der
Pastoralreferent und ich uns, obwohl ja niemand vorher
auf die Idee gekommen war, mal im Pfarrbüro oder beim
Pastor zu fragen. Am Ende der Heiligen Messe ging der
Präsident der Karnevalsgesellschaft, der zweimal elf Jahre
im Dienst - an vielen Menschen und an der Freude im
Viertel (!) - war, ans Mikrofon und bedankte sich für die
schöne Gestaltung des Festgottesdienstes. Dann sagte er:

»Nicht dass Ihr meint, dass ich ab jetzt die Kirche eindrücke. Aber manchmal muss das ein.« Natürlich sagte er das im Dialekt. »Aber manchmal muss das ein« – ein deutlicheres Glaubensbekenntnis lässt sich einem rheinischen Katholiken kaum entlocken. Da der Präsident auch Wirt ist, ist ihm ein regelmäßiger Gottesdienstbesuch gar nicht möglich. Als Wirt ist er ja auch Seelsorger mit einer Gemeinde am Tresen. Als ich ihn dennoch einmal in der Kirche entdeckte, ging ich zu ihm: »Klaus, was ist los, ist deine Frau krank?« »Nein«, sagte er, »aber meine Tochter ist krank, nicht schlimm, aber einer muss doch bei den Kommunionkindern sein.« Die Tochter war in dem Jahr Katechetin einer Gruppe von Kommunionkindern. Da das Wohl der Kinder an erster Stelle steht, war dem Wirt klar, dass er einspringen musste. Wahrscheinlich hat seine Frau in der Zeit des Gottesdienstes für ihn den Zapfhahn bedient.

Was der Soziologe Richard Sennett wissenschaftlich erörtert hat, hat die Karnevalsgesellschaft mit Bauchgefühl begriffen. Für besondere Höhepunkte der Gesellung bietet die Kirche den öffentlichen Raum. Man muss nicht fragen, ob man erwünscht ist, denn dieser Raum steht ja allen zur Verfügung. Die Fahne ist das Symbol der gesitteten Gesellung. Die Segnung der Fahne ist zugleich Segen für die Gemeinschaft, die sich mit Stil und Form auf Geschwisterlichkeit verpflichtet. So habe ich mit Weihwasser die Fahne besprengt und dazu alle in der Kirche. Mit viel Wasser, damit man es auch spürt.

Der Schriftsteller Max Frisch hat als Agnostiker verfügt, nach seinem Tod solle die Trauerfeier in der Züricher Stadtkirche St. Peter stattfinden. Seine Begründung: Da gibt es die Formen und Rituale, die Agnostikern und Atheisten nicht zur Verfügung stehen.

Geschwisterlich ist etwas anderes als familiär sein. In den 60er- bis 80er-Jahren des vergangenen Jahrhunderts verstanden sich viele Pfarrgemeinden als »Pfarrfamilien«. Kein gutes Bild. Es schließt die aus, die nicht zum engen Kreis der »Familie« gehören. Zugleich gebiert es den Begriff der »Pfarrkinder«. Der Pfarrer ist dann der Vater.

Kinder »aber« sind Gäste im Haus ihrer Eltern. Es ist gut, wenn sie sich von der Familie lösen und in die Welt ziehen. »Hotel Mama« ist zwar ein angenehmer Ort, aber die erste eigene Waschmaschine oder der Besuch im Waschsalon sind gute und deutliche Zeichen des Erwachsenwerdens.

In Italien wohnt und isst die Hälfte aller Männer mit 35 Jahren noch bei Mama. Angesichts von Spaghetti und Pizza ist dies verständlich, macht der Regierung aber Sorgen. Es gibt eigens einen Staatssekretär, der das Problem bearbeitet. Für die Geburtenrate wie für die wirtschaftliche Entwicklung ist es besser, wenn die Jungs flügge werden.

Geschwisterlichkeit aber bedeutet Zugehörigkeit auch außerhalb des Familienverbandes. Also Inklusion statt Exklusion. Wer arbeitslos wird, fühlt sich nicht nur ausgeschlossen, sondern wird auch mehr und mehr von den anderen gemieden. In der DDR gab es ein Recht auf Arbeit, auf Beteiligung aller. Natürlich funktionierte dieses Gesellschaftsmodell nicht, weil es zugleich die Freiheit einschränkte. Aber viele im Osten Deutschlands erinnern sich nostalgisch gerne an die Zeiten, als jeder gebraucht wurde.

Heinz Bude beschreibt in seinem Bestseller »Die Ausgeschlossenen. Das Ende vom Traum einer gerechten Gesellschaft« das Schicksal der Landarbeiter in den Produktionsgenossenschaften. Einst hoch geachtet, brauchte sie nach der Wende niemand mehr. Sie waren überflüssig. Vielen gelang es nicht, Anschluss zu finden an die neue Zeit. Die Folgen sind Depression und Verwahrlosung.

Jürgen Habermas stellt im Blick auf die Gesellschaft deutliche Tendenzen der Entsolidarisierung fest. Phänomene der Verwahrlosung sind zu beobachten, zugleich ein Rückzug ins Private. Für eine reine Vernunftmoral konstatiert Habermas Schwächen der Motivation. Er schreibt: »Dieser Kognitivismus richtet sich an die Einsicht von Individuen und erzeugt keine Antriebe für ein solidarisches, d. h. ein moralisch angeleitetes kollektives Handeln.«

Eine Ergänzung der Vernunft erhofft sich Habermas von gläubigen Menschen: »Die säkulare Moral ist nicht von Haus aus in gemeinsame Praktiken eingebettet. Demgegenüber bleibt das religiöse Bewusstsein wesentlich mit der fortdauernden Praxis des Lebens in einer Gemeinde verbunden und im Falle der Weltreligionen mit der im Ritus vereinigten globalen Gemeinde aller Glaubensgenossen. Aus diesem universalistisch angelegten Kommunitarismus kann das religiöse Bewusstsein des einzelnen auch in rein moralischer Hinsicht stärkere Antriebe zu solidarischem Handeln beziehen. Ob das heute noch der Fall ist, lasse ich dahingestellt.«

Ob das heute noch der Fall ist – die Frage gilt es in der von Habermas skizzierten Gemeindepraxis zu beantworten. In Übereinstimmung mit Papst Benedikt XVI. anerkennt Habermas die Vernünftigkeit religiöser Äußerungen. Ihre Nützlichkeit erweist sich dann in der Solidarität und Nächstenliebe in den Gemeinden. In Zeiten entgleisender Modernisierung und ungerechter Verteilung von Lebenschancen richtet sich die vernünftige Hoffnung erstaunlicherweise auf die Gemeinde vor Ort.

Von einer Gemeinde, die diese Hoffnung nicht enttäuscht, berichtet die Apostelgeschichte im Neuen Testament (Apg 2,43 - 47):

Alle wurden von Furcht ergriffen; denn durch die Apostel geschahen viele Wunder und Zeichen. Und alle, die gläubig geworden waren, bildeten eine Gemeinschaft und hatten alles gemeinsam. Sie verkauften Hab und Gut und gaben davon allen, jedem so viel, wie er nötig hatte. Tag für Tag verharrten sie im Tempel, brachen in ihren Häusern das Brot und hielten miteinander Mahl in Freude und Einfalt des Herzens. Sie lobten Gott und waren beim ganzen Volk beliebt. Und der Herr fügte täglich ihrer Gemeinschaft die hinzu, die gerettet werden sollten.

Sicherlich wäre es falsch, sollten nun alle Bibelleser sogleich ihr Eigenheim verkaufen. Es geht wohl eher darum, heute das Problem gerechter Verteilung in den Blick zu nehmen. »Wie sollen wir leben?«, fragt die Aktion Mensch auf vielen Plakatwänden. In Zeiten der knapper werdenden Ressourcen können die Probleme der Zuteilung von Arbeit und Einkommen nicht ohne die »Gemeinschaftsbildung« gelöst werden, die die Apostelgeschichte beschreibt. Es geht nur geschwisterlich.

Noch einmal Jürgen Habermas: »Die praktische Vernunft verfehlt ihre Bestimmung, wenn sie nicht mehr die Kraft hat, ein Bewusstsein von dem, was fehlt, von dem, was zum Himmel schreit, zu wecken und wachzuhalten.« In der Bibel werden vier Sünden als »himmelschreiend« bezeichnet: 1. Sodomie – heute wissen wir, hier ist der Psychologe gefragt. 2. Der vorsätzliche Mord – dem stimmen wir wohl auch heutzutage zu. Die nächsten beiden Sünden, die zum Himmel schreien, sind 3. die Benachteiligung der Armen, Witwen und Waisen und 4. die Vorenthaltung des gerechten Arbeitslohnes. Hat also der, der eine Haushaltshilfe schwarz beschäftigt, schwere Schuld auf sich geladen? Oder der, der die Hartz-IV-Sätze so kalkuliert, dass in unserem Viertel gut die Hälfte aller Kinder arm aufwachsen? Zumindest macht es nachdenklich.

SICH BÜCKEN FÜR DIE GESCHWISTER

Im Rheinland gibt es eine subkutane Grundströmung der Geschwisterlichkeit. Wenn die Menschen von früher erzählen, sind es oft Geschichten von Gemeinsinn und Solidarität. In der alten Arbeiterkultur war es normal zu teilen. Zum Beispiel fuhren früher die Menschen, die Autos hatten, voller Stolz im Autokorso die Senioren ins Bergische Land. Oder wenn jemand eine Schallplatte gekauft hatte, lud er die ganze Nachbarschaft zum Anhören ein, die Platte wurde immer wieder abgespielt, ein spontanes Nachbarschaftsfest. Heiligabend waren die Einsamen zur Feier geladen, am Schluss wurden die Autobesitzer angerufen, die Älteren nach Hause zu chauffieren. Wer einen Fernseher hatte, hatte auch die Nachbarschaft im Wohnzimmer. Persönlich kann ich mich gut erinnern, den Film »So weit die Füße tragen« in vielen Fortsetzungen bei den Nachbarn gesehen zu haben – in einem anderen Viertel Kölns, das aber ähnlich wie Vingst und Höhenberg geprägt war.

Die Gewohnheit zu teilen und die Bereitschaft zu helfen sind Merkmale der christlichen Kultur bis heute.

»Liturgie ohne Diakonie ist Götzendienst«, sagt unser Kölner Kardinal Joachim Meisner. So ist es noch schärfer formuliert als bei Jesus, der in seiner Abschiedsrede sagte: »Daran können die Menschen sehen, dass ihr zu mir gehört, dass ihr einander Liebe schenkt.«

Caritas ist der Weg zu Gott. In der Fußwaschung durch Jesus – dieser Abschnitt aus dem Johannesevangelium wird am Tag der Einsetzung der Heiligen Eucharistie, am Gründonnerstag, im Abendmahlsgottesdienst vorgelesen – kommt es auf den Punkt: es ist der Dienst aneinander, der Christus berührbar macht. Das Wort »Gnade« kommt von *genada*, wir haben den Wortstamm noch in dem Wort »neigen«. Also sich bücken, dienen, bis hin zur Fußwaschung. Zu Petrus sagt Jesus: »Wenn ich dir nicht die Füße waschen kann, hast du keine Gemeinschaft mit mir!« Da wünscht sich Petrus gleich ein Vollbad!

Deus caritas est, so heißt die erste Enzyklika, das erste Lehrschreiben unseres Papstes, »Gott ist Liebe«. Unser Kölner Weihbischof Manfred Melzer hat in seinem Bischofswappen den Spruch: *Diligendo deum cognoscere,* »Durch Lieben Gott erkennen«. Das ist fast noch klarer als die Überschrift der Enzyklika. Denn *diligendo* ist ein Gerundium im Lateinischen, also ein Verbalsubstantiv: ein »Tu-Wort«! Nicht durch »Liebe«, sondern durch »lieben«, also handeln, ist Gott zu erkennen.

Adolf Kolping hat gesagt: »Tätige Liebe heilt alle Wunden, bloße Worte mehren nur den Schmerz.«

Als Kardinal Joachim Meisner vor zwanzig Jahren ins Erzbistum Köln kam, rief er bei einer der ersten Sitzungen des Priesterrates zu mehr Korpsgeist auf. Was stand später im Protokollheft, das an alle Pfarreien versandt wurde? »Chorgeist«. Die Anekdote zeigt vielleicht eine Eigenart des rheinischen Katholizismus, er ist sozusagen symphonisch verfasst. Viele Stimmen in einem Chor.

Eingelassen in die Außenmauer ist auf dem Grundstein des Heimes unserer Schützenbruderschaft in Vingst zu lesen: »Nicht Streben nach Gewinn, sondern Streben nach Gemeinsamkeit«.

LEBEN IST GESCHENKT

Hans Urs von Balthasar hat gesagt: Die Wahrheit ist symphonisch.

Umberto Eco, bekannt durch »Der Name der Rose« in Buch und Film, hat einen Essay mit diesem Titel geschrieben: »Von Deiner Geburt kannst Du Dir niemals selber erzählen«. Klar, ich war dabei, aber ich kann es nicht in Worte fassen. Denn dass ich sprechen kann, denken kann – nämlich in Wörtern – habe ich nicht selbst produziert, hergestellt, ins Leben gesetzt oder schon bei meiner Geburt mitgebracht. Es wurde mir geschenkt, von meinen Eltern, Geschwistern und Großeltern. Ich wurde mir geschenkt, um mich selbst zu begreifen. Wer wie Kaspar Hauser unter Tieren im Wald aufwächst, gewinnt kaum Zugang zu sich selbst.

Hermann van Veen singt in einem seiner Lieder: »Alles, was Du hast, hast Du von einem andern. Alles, was Du bist, bist Du von einem andern. Alles, was Du kannst, kannst Du von einem andern. Nur Deine Gänsehaut ist von Dir selbst.«

Oft sagen wir: »Das muss jeder selber wissen.« Aber was wissen wir schon wirklich aus uns heraus, ohne Blick auf die anderen? Auch das Gewissen ist angewiesen auf die Informationen von anderen und von außerhalb der eigenen Person. Die Vernunft des Einzelnen schärft sich im Diskurs.

Bei uns fällt manchmal das harte Wort »Einzelschicksal«. Ein *Looser,* ein geborener Verlierer. Eine amerikanische Bodybuilding-Meisterin hat gar formuliert: »Meide den Kontakt mit Verlierern, das macht Dich selber schwach.« In der Präambel der Böll-Stiftung der Grünen heißt es unter Verwendung von Zitaten Heinrich Bölls: »Es wird uns eingeredet, dass Mitleiden in den Bereich der Sentimentalität gehört. Das ist eine Lüge. Mitleiden ist eine ungeheure Kraft, eine große Energie, und auch eine schöpferische Phase gehört zum Mitleiden. Man will uns einreden, die Zeit der Humanität sei vorbei, die Zeit des Mitleidens sei vorbei. Harte Herzen brechen leichter als mitleidige Herzen, die eine große Kraft haben.«

Die Fähigkeit zur Empathie, zur Einfühlung zeichnet uns Menschen aus. Sie ist Grundlage der Geschwisterlichkeit. Für Tiere ist es kaum möglich herauszubekommen, was das andere Geschöpf empfindet. Neueste Forschungen zeigen allerdings, dass es in Ansätzen wohl doch so etwas wie Mitgefühl unter Tieren gibt. Es scheint nicht uneingeschränkt das Gesetz zu gelten: *survival of the fittest.*

Zur Fähigkeit der Empathie kommt bei uns Menschen die Gabe der Erinnerung. Nur wir Menschen können dies sogar ins Futur zwei übertragen: Ich werde gelebt haben.

Die Forschung über Spiegelneuronen eröffnet seit einigen Jahren einen interessanten neuen Gesichtspunkt. Wenn wir etwas tun, wenn wir anderen zuschauen, wie sie etwas tun, wenn wir uns daran erinnern, wie wir oder die anderen etwas getan haben, werden immer die gleichen Hirnteile aktiviert. Einfacher formuliert: Warum kann das eine Kind fast schon sofort ohne Stützräder Fahrrad fahren, das andere aber braucht lange, bis es mit dem Fahrrad zurecht kommt? Das erste Kind hat den Geschwistern oder Eltern intensiv beim Fahrradfahren zugeschaut. Die Hirnsynapsen, die das Radfahren anleiten und das Gleichgewicht durch Information an Arme und Beine und Hüften ermöglichen, haben sich schon organisiert. Das zweite Kind hat kaum Vorinformationen gespeichert. Auf sich allein gestellt, muss es sich die Fertigkeiten erarbeiten – mit Hilfe der Stützräder.

Geschwisterlichkeit muss erlernt werden. Sonst gilt im Leben *Homo homini lupus,* der Mensch ist dem Menschen ein Wolf. Die reichen Eltern, die auch gebildet sind, verwöhnen ihre Kinder nicht. Das Taschengeld ist schmal. Belohnt wird, wenn das Kind Verantwortung übernimmt. So lernt es Freude an Selbstdisziplin. Besonders förderlich ist ein Musikinstrument, weil es zur Verbindung von diszipliniertem Üben und sinnlichem Genuss führt – und zu gemeinsamem Musizieren.

Unser alter Küster, Vater von vier Kindern, sagte gerne: »Wer Sport treibt oder ein Instrument spielt, kann kein schlechter Mensch sein.« Da ist was dran. *Bis dat qui cito dat* – doppelt schenkt, wer schnell schenkt.

Manchmal ist das soziale Netz sehr löcherig, weil der eine in der Bürokratie des Sozialen »den Fall« an die andere weitervermittelt. Fast ein Drehtüreffekt. Delegation ist das Zauberwort, machen sollen es die anderen, ich bin nur der Berater und weise den Weg.

Jesus ist es anders angegangen. Die blutflüssige Frau kommt zu ihm. Sie ist seit zwölf Jahren krank und war bei vielen Ärzten. Jesus sagt nicht: Ich kenne da noch einen guten Arzt! Er lässt sich berühren. Es reicht schon die Berührung seines Gewandes! Jesus entzieht sich der Frau nicht! Das bewirkt Heilung. Jesus sagt: »Dein Glaube hat Dir geholfen.« Der Glaube daran, dass sich einer anrühren lässt von der Not.

Im Alltag der Seelsorge finde ich es sehr wichtig, mich sofort und unverzüglich bei den Angehörigen zu melden, wenn das Bestattungsunternehmen wegen einer Beerdigung anruft. Leider erfahren wir hier in der Großstadt oft nicht, wenn ein Mensch im Sterben liegt. Obwohl wir intensiv dazu auffordern, zu informieren, wenn jemand schwerkrank ist oder im Krankenhaus. Auch dann ist ein Besuch ohne Verzug angesagt.

Den Seniorinnen und Senioren sage ich: Ich komme nicht zum Kaffeetrinken in unsere Altenclubs zweimal die Woche und mache auch keine Höflichkeitsbesuche zum Geburtstag. Dafür starte ich aber sogleich, wenn jemand meinen Besuch wünscht, der krank daniederliegt, oder wenn die Angehörigen um den Besuch bitten. Das finden fast alle in Ordnung.

Im Krankenhaus ist es am frühen Sonntagmorgen sehr ruhig, so gut wie kein Besuch. Ein Parkplatzproblem gibt es auch nicht, nicht einmal bei den Krankenhäusern in der Innenstadt. So habe ich mir angewöhnt, Kranke, die länger im Spital bleiben müssen, am Sonntagmorgen zu besuchen, wenn ich die Heilige Messe erst um 11 Uhr zelebriere. Die Fahrt durch die fast menschenleere Stadt ist geradezu erholsam. Immer nehme ich Blumen, Obst und etwas Frommes zum Lesen mit. Aus einem Garten neben unserer Kirche darf ich mir die Blumen frisch schneiden.

Unsere Kölner Tageszeitung sponsert Fahrzeuge für Altenheime. Kürzlich bekamen wir dadurch ein Fahrzeug mit rollstuhlgerechter Heckauffahrt halb geschenkt. Nun können wir zum Gottesdienst und zu anderen Gelegenheiten auch Seniorinnen und Senioren abholen, die sonst nur die Gottesdienste in Rundfunk und Fernsehen verfolgen können.

Dies ist ein Qualitätssprung an Geschwisterlichkeit. Zu Weihnachten konnte so eine noch recht junge Frau zweimal zur Heiligen Messe kommen, die leider so krank ist, dass sie bald sterben muss. Für die Gemeinde, vor allem für den Fahrer des Autos ist dies ein wunderbares Erlebnis. Es gelingt handgreiflich, Einsamkeit zu überwinden. Die zwei Tafeln Schokolade, die der Fahrer geschenkt bekam, schmeckten wie Himmelsbrot.

ÖKUMENE IST PRAKTISCH

Geschwisterlichkeit ist die Überschrift der Ökumene im Viertel. Es gibt viele gute theologische Gründe für die Ökumene. Aber auch ganz praktische: Sie ist oft doppelt so gut und halb so teuer. Ohne die ökumenische Zusammenarbeit wäre unsere katholische Gemeinde arm dran. Die Highlights im Viertel funktionieren nur gemeinsam. Wenn es ökumenisch klappt, kommen auch oft weitere Menschen guten Willens dazu, die sich keiner der Kirchen näher verbunden fühlen. In den Weihnachtsferien fahren seit einigen Jahren die evangelischen Gruppenleiterinnen und -leiter mit den jugendlichen Verantwortlichen der katholischen Messdiener zum Skifahren in die Schweiz. Trotz Selbstverpfleger-Unterkunft in einem Kloster ist es nicht billig. Also muss jede und jeder für einen eigenen Beitrag sparen, und alle gemeinsam machen eine Aktion, um Geld zu verdienen. Den Rest gibt es dank edler Spender dazu. Der Kick ist jedoch die Selbstverpflichtung, beim (natürlich ökumenischen) Sternsingen als Leiter/in einer Kindergruppe durchs Viertel zu ziehen. Ehrensache, dass alle mitziehen. Führt die gemeinsame Fahrt und das enge Miteinander das ganze Jahr über, so auch bei den Gruppenleiterschulungen, zum Synkretismus, zum profillosen Mischmasch der Konfessionen? Im Gegenteil! Natürlich frotzeln die jungen Leute: »Ihr geht ja nur zur Konfirmation, weil ihr dann viel Geld bekommt!« »Wenn ihr die Messe dient, liegen wir noch warm im Bett.« Doch das ist nur der indirekte Ausdruck des Respekts. Wenn sie ein Ratespiel erfinden zum Thema: Was ist evangelisch, was katholisch?, kommt sowohl der Weihrauch vor wie auch die Bedeutung der Bibel für einen evangelischen Christen. Zum Glück wissen die

Jugendlichen nicht mehr, dass es früher als Sünde galt, eine evangelische Kirche nur zu betreten. Sehr schön ist, dass sich die Jugendlichen gemeinsam verpflichtet fühlen, in der Gruppen- und Jugendarbeit auch die Kinder intensiv zu beteiligen, die aus sozial schwierigen Familien kommen. Inklusion statt Exklusion.

Natürlich gibt es auch Exklusives. So hat die Messdienerleiterrunde ein T-Shirt erfunden und selbst bedruckt, das auf der Vorderseite das Kreuzzeichen andeutet: mit den Zahlen 2, 3 und 4 darauf. Die 1 ist nicht zu sehen, denn beim Kreuzzeichen geht die Hand ja zuerst zur Stirn. Es gibt das T-Shirt in zwei Ausgaben: für Rechts- und Linkshänder. Die Messdiener haben aufgegriffen, wie ich den Kindern vom Kindergarten das Kreuzzeichen nahebringe: »Oben, unten, fern und nah«. Fern meint dabei fern von dem Arm, der die Hand bewegt; so ist die Regel für Links- wie Rechtshänder gleich. Wie es sich für Jugendliche gehört, haben sie von ihrer Idee nichts verraten, sondern mir ein fertiges T-Shirt geschenkt. (Das allerdings für mich viel zu klein ist. Unser Organist, Linkshänder, ist ganz dünn, sodass sein Hemd passt.)

Einen Kleinbus betreiben wir in ökumenischer Gemeinsamkeit. Bei der Firmung war auch ein evangelischer Jugendlicher Katechet. Nächstes Jahr im Frühsommer veranstalten eine Presbyterin und ein Mitglied unseres Pfarrgemeinderates eine ökumenische Fahrradwallfahrt. Sie startet am Altenberger Dom, eine der wenigen Simultankirchen in Deutschland. In der Fastenzeit gibt es bei uns jeden Mittwoch eine Andacht, abwechselnd in den katholischen und evangelischen Kirchen.

Als Papst Johannes Paul II. starb, schrieb der evangelische Pfarrer unserer Gemeinde einen bewegenden Beileidsbrief. Auf diese Idee wäre ich nie gekommen! Beim Requiem für den Papst in unserer Kirche war er dabei.

Auch in unserer Nachbargemeinde, hinter der Autobahn ein eher bürgerliches Wohnviertel, gibt es eine gute ökumenische Zusammenarbeit. Derzeit wird versucht, die katholische Grundschule, die einzige am Ort, in eine Gemeinschaftsschule umzuwandeln. Die evangelische Gemeinde kämpft mit für den Erhalt der katholischen Schule, mit Verweis auf die gute Ökumene.

GESCHWISTERLICHKEIT MACHT DIE WELT VOR ORT ÜBERSCHAUBAR

Gerade vor Ort ist nachhaltige Geschwisterlichkeit möglich. Die Menschen erfanden in ökumenischer Zusammenarbeit die Kinderstadt »HöVi-Land« und ersetzten damit die »Stadtranderholung«, die eigentlich nur die armen Kinder zu einem Ferienprogramm aus dem Viertel »an den Rand« karrte. Heute nehmen gut 500 Kinder vor Ort, also im Wohnquartier, teil. Vor Ort und aus dem Ort: das meint, dass Kinder aller Schichten gemeinsam die Ferien in ihrem Viertel erleben.

Wie lassen sich nun bürgerliche Menschen bewegen, ihre Kinder teilnehmen zu lassen und sich selbst zu engagieren? Sicher ist die christliche Motivation wichtig, wie sie in der Idee der Unentgeltlichkeit Ausdruck findet. Bedeutsam ist aber wohl auch, dass zunehmend die örtliche Lebenswelt als Raum der Freiheit und Gestaltungsmacht wichtig wird. Norbert Bolz schreibt: »Im Prozess der Moderne schrumpft der beherrschte Lebensraum, in dem das Individuum eine gewisse Autarkie hat, also als Herr auftreten kann, während sich der effektive Lebensraum durch Technik und Medien enorm erweitert. ... Modernes Leben steht nämlich unter dem Motto: je freier, desto abhängiger. Um selbst mehr leisten zu können, macht man sich von fremden Leistungen abhängig.« Vor Ort, im Wohnquartier mitzumachen, den eigenen Kindern und deren Freunden zu zeigen, dass man Zelte aufbauen, Feuer machen, Abenteuer organisieren oder schöne Sachen basteln kann – das verspricht einen Mehrwert in einer eher unüberschaubaren Welt. Sogar die Gewerkschaften begreifen derzeit, dass der Rückzug aus der Fläche und die Hinwendung zu passgenauen Dienstleistungen die Mitgliederzahl schrumpfen ließ. Oskar Negt, Nestor der Soziologie der Arbeitswelt: »Der Deutsche Gewerkschaftsbund unterhielt in den 1980ern noch Ortskartelle, Büros in Stadtteilen, in denen politische Bildung oder Rechtsberatung angeboten wurden. Also eine regionale und städtisch auf Probleme der Menschen bezogene Strategie. Heute sind Gewerkschaften mit ihren Kooperationsangeboten kaum mehr im öffentlichen Raum präsent. Und ihr Symbolvorrat ist aufgezehrt, auch selbst verschuldet.«

Ein Symbolvorrat, der lebensprägend ist, lässt sich weniger im Internet erwerben als vielmehr in persönlicher Kommunikation vor Ort. Unsere Kinder fragen nicht selten: »Ist das in echt?« Damit meinen sie: geschieht das wirklich, darf ich mitmachen? Die Frage zielt auf Beteiligung, auf Geschwisterlichkeit. Gemeinsam, nicht einsam.

Verwahrlosung und leider in der Folge Kriminalität drohen, wenn Kinder und Jugendliche ohne örtliche Verwurzelung aufwachsen. *It needs a village to raise a child*, heißt das afrikanische Sprichwort. Das ganze Viertel ist beteiligt! Der Verfassungsrichter a. D. Paul Kirchhof bringt es auf den Punkt: »Diese Sicherheit im Eigenen, die Geborgenheit im Zuhause, die rechtliche Herrschaft des Menschen über sich und über einen ihm gehörenden Lebensraum ist Bedingung unserer Rechtsordnung. Wenn der Mensch nur noch als Teil eines Kollektivs begriffen wird, wenn er als

Nachfragepotenzial, als Patientengut, als Wählerschaft, als Bevölkerung gesehen wird, die man einsetzen, nutzen, lenken und kontrollieren müsste, geht in der Anonymisierung das Recht verloren. Recht beginnt, indem wir den einzelnen Menschen berechtigen.«

Die Bedeutung der Kirchengemeinden und kirchlichen Verbände für Entwicklungen im Sozialraum wird zunehmend erkannt. Professor Udo Schmälzle, Münster, Vorsitzender der Konferenz der deutschsprachigen Pastoraltheologinnen und Pastoraltheologen e.v., resümiert nach dem Kongress »Plurale Wirklichkeit Gemeinde« (2007): »Ein Problem ist die Mittelschichtorientierung der meisten Gemeinden. Diese Milieuverengung macht die Gemeinden unbeweglich. Dennoch steckt in ihnen nach wie vor ein ungeheures Potenzial. Ich habe über zwanzig diakonale Projekte in sozialen Brennpunkten Deutschlands untersucht. Keines dieser Projekte kann auf die Unterstützung durch die Gemeinden verzichten. Die Gemeinden dürfen weder kaputt strukturiert noch kaputt geredet werden.«

Wir versuchen es bei uns in Köln im Kleinen. Im leer stehenden Pfarrhaus ist nun der Stützpunkt der Familienhilfe des Sozialdienstes Katholischer Männer (SKM). Einen Tag in der Woche ist ein kundiger Berater des SKM für all die Probleme vor Ort, die unsere Ehrenamtlichen kaum angehen können, wie etwa Entschuldung oder Fragen des Asylrechts. Der Fachberater hat den Vorteil, dass er sofort die Menschen in Not rüberschicken kann ins Basement der Kirche zu Lebensmittelausgabe, Kindersachenstube, Kleiderkammer und Fahrradlager. Auch bekommt er vom Pfarrer Bargeld, über das er frei verfügen kann, um in einzelnen Notsituationen sinnvollerweise mit Geld zu helfen. Wenn z. B. eine Mutter dringend Pampers braucht, aber gegen Monatsende kein Geld mehr da ist. Leider kommt es oft vor, dass die Frauen dann Windeln stehlen und erwischt werden. Ist das nicht fast wie Mundraub? In Köln wird das »fringsen« genannt – nach Kardinal Frings, der in der Hungerzeit nach dem Weltkrieg predigte, in höchster Not sei stehlen erlaubt, um zu überleben. Der Kölner Diözesancaritasdirektor umreißt die Bedeutung des Sozialraums für die politische Kultur vor dem Diözesanrat so: »Quartier- bzw. wohnortbezogene Bürgerplattformen, wie sie in einzelnen großen Städten Europas oder auch als Dorfentwicklungskomitees in asiatischen und südamerikanischen Ländern entstehen, machen ernst mit ›mehr Demokratie wagen‹. Die traditionelle Abkopplung von Planungsprozessen über die Bürger hinweg hat ausgedient. Ich plädiere also dafür, das Miteinander von staatlicher Gewalt und gesellschaftlicher Mitbestimmung mutig zu überdenken, damit Menschen wieder begreifen, dass sie gemeinschaftlich demokratisches Gemeinwesen verantworten. Wir Wahlbürger geben zu leichtfertig die politische Gestaltung an große Verwaltungen und einzelne gewählte Häupter ab und wundern uns dann, dass diese Einzelnen selten höhere Einsichten haben als Klugheit von Gruppenentscheidungen sie hervorbringen könnte.«

5. KAPITEL

»Ich kenne nichts, das so schön ist wie du«
(Xavier Naidoo)

KEINE ANGST VOR GLEICHHEIT

Von Peter Otten

Plötzlich wird es still. Meistens ist das so, wenn Menschen – Besuchergruppen, darunter viele Gruppen von Kindern und Jugendlichen – zum ersten Mal durch die von Wind und Regen schon leicht ins Gräuliche hinein verwitterte Eichentür die Kirche St. Theodor betreten. Diese Kirchenarchitektur ist für sie eine völlig neue Erfahrung. Mit einer Kirche verbinden die meisten eigentlich etwas anderes. Und das Ungewöhnliche beschreiben dann auch vor allem die Kinder sehr genau, wenn sie sich in die Reihen heller Holzstühle schieben, die wie in einer Arena im Halbkreis rund um Altar und Lesepult aufgestellt sind. Viele haben etwas anderes erwartet und erzählen auch davon: Holzbankreihen, ausgemalte Wände und Decken, prächtige Bilder und goldene Gefäße, altes Holz und schwere Stoffe. Glanz und Gloria, irgendwie. Aber nicht diese Kargheit. Nicht der nackte tonfarbene Beton, die kreisrunde Form. Es wirkt für manche irritierend. Das ist nicht der gotische Blick ins himmlische Jerusalem. Zumindest nicht auf den ersten Blick.

»Hier sind ja keine bunten Fenster drin«, sagt das aschblonde Mädchen. Ihre Augen fliegen skeptisch hin und her und ihr Zopf hintendrein. Das stimmt. Die Kirche hat zwar ein großes bodentiefes Fenster. Aber es ist nicht bunt verglast. Es stehen Worte und ganze Sätze darauf. Bibelstellen, die Menschen in der Gemeinde ausgesucht haben, weil sie ihnen etwas bedeuten. Und weil sie diese Worte für die Gemeinde bedeutsam finden. Die Zitate sind von außen zu lesen. So muss man gar nicht in die Kirche kommen, um zu erfahren, was die Gemeinde trägt und was sie antreibt, der Not und der Benachteiligung vieler Bewohner im Viertel nicht gleichgültig gegenüberzustehen. Das unverfälschte Sonnenlicht fällt in den Raum hinein, und wer sich auf die Zehenspitzen stellt, mag sogar noch etwas vom Klettergerüst auf dem benachbarten Kinderspielplatz erspähen.

Ein anderes Mädchen weiß, dass auf bunten Fenstern in Kirchen oft Heilige zu sehen sind. Oder Bilder von Geschichten aus der Bibel. Wir erinnern uns zusammen daran, dass Menschen früher nicht lesen konnten, dass die Bilder in den Kirchen ihnen dabei halfen, die Geschichten der Bibel zu verstehen. Heute können die meisten Menschen lesen, es braucht keine bunten Bilder zur Illustration. Nun steht ein anderer Gedanke im Vordergrund: Es sind die Menschen selber, die die Kirche bunt machen. Die Form folgt der Funktion, heißt es in der Lehre vom Bauhaus, an die sich hier die Kirchenarchitektur anlehnt. Die Kirche ist dafür da, dass sie die Form bereitstellt, die von den Menschen mit Sinn, Glaube und Leben gefüllt wird. »Ihr seid die bunten Fenster.« Wie sie zusammenrücken in ihren bunten Anoraks und sich umschauen: ja, nickt da ein Junge. Wie bunt mag das erst aussehen, wenn die Kirche richtig voll ist!

Vor Gott sind alle Menschen gleich wichtig. Das macht die Architektur der Kirche spürbar. Das »theoretisch« zu erklären ist schwer, doch spüren tun es die meisten, wenn sie den Raum erkunden. Keine Säule verstellt den Blick. Keine Empore verführt zum Herabschauen auf andere. Manchmal ist es für Kinder in der Kirche interessant, wenn sie verschiedene Plätze im Kirchenraum ausprobieren dürfen, sich ihren Platz aussuchen. Gott kennt kein hinten oder vorne, keinen guten oder schlechten Platz. Der eigentlich sehr karg und vor allem durch seine reduzierte Formensprache auffällige Raum wird durch Menschen lebendig und sinn-voll.

Kinder spüren, ob wirklich Gleichheit herrscht oder ob da etwas nicht stimmt. Kinder spüren, dass Eltern mehr oder weniger Geld haben, dass man mehr oder weniger begabt ist, dass man mehr oder weniger gut in der Schule ist, dass Jungen anders ticken als Mädchen. Der Gedanke der Gleichheit bedeutet nicht, dass alle per se die gleichen Aufgaben und die gleiche Verantwortung haben müssen. Allerdings bedeutet er andererseits: Wir wollen und dürfen Menschen nicht aussortieren, Segregation fördern, wie die Soziologen sagen. Es darf niemand ausgeschlossen sein. Weil er aus einem anderen Land kommt. Weil er oder sie arbeitslos ist oder krank. Erst recht keine Kinder: Weil sich die Eltern keine Extras leisten können. Weil es ihnen schwer fällt, das Geld für den Schulausflug zu berappen. »Bei euch soll es nicht so sein«, hat Jesus gesagt. In der Kirche geht es darum, für das einzustehen, was die Menschen verbindet. Anders gesagt: Einstehen für das, in dem alle Menschen, unabhängig von Geschlecht, Bildung, Besitz und Religion, gleich sind, in der Menschenwürde und im Recht auf gleiche Lebens- und Bildungschancen. In der Kirche geht es also nicht um eine Pastoral der Profilierung durch Abgrenzung, sondern um eine Pastoral, die Räume erschließt, Grenzen öffnet und dadurch das Leben von Menschen zu entschlüsseln hilft.

»Habt ihr mal auf den Fußboden geschaut?« Sofort gehen die Blicke nach unten. Ist der etwa geteert oder was? »Könnt ihr mal anfassen.« Auf den Händen und Knien bleibt Staub zurück. Der Fußboden ist tatsächlich aus Straßenasphalt. Bei mir steigen Erinnerungen an die bizarren Bilder auf, als bei der Fertigstellung der Kirche wie beim Straßenbau Teermaschinen durch die noch leere Kirche geschoben wurden. Die schwärzliche Farbe wird vom Kirchturm aufgenommen, der wie ein Monolith aus dem Boden aufzusteigen scheint und oben durch das Dach ins Freie drängt. In die Höhe, zum Himmel hin gehoben. Türkische Kinder sagen manchmal, der dunkle Turm erinnere sie an die Kaaba in Mekka.

Wichtig ist, was die Menschen, die die Kirche betreten, spüren. Was sie draußen im Viertel täglich erleben, wenn sie sich durch die Straßen des Viertels bewegen, wenn sie ihren Alltagsgeschäften nachgehen, auf dem Weg zur Schule oder zur U- und S-Bahn sind, wenn sie arbeiten, einkaufen oder ihre Freunde besuchen, wenn sie sich lieben, streiten und versöhnen – all das hat in der Kirche, vor Gott und in der Gemeinde seinen Platz und seine Bedeutung. Egal, wen es betrifft, egal, von wem es kommt. Die Asphaltwege des Viertels führen geradewegs in die Kirche hinein. Da gibt es keine Schwelle und keinen Torhüter. Denn mit ihren alltäglichen Geschichten, mit dem, was Menschen erleben und was sie beschäftigt, sind die Menschen gleich. Und jede Geschichte, jedes mühselige oder freudige Schicksal ist vor Gott und damit für eine Gemeinde gleich wichtig. Mehr noch: In einer Gemeinde, in einem Gottesdienstraum muss diese Gleichheit ihren Ausdruck finden. Da darf sich niemand zurückgesetzt fühlen. Wenn manchmal im

Gottesdienst mit Jugendlichen Weihrauch vor der dunklen Silhouette des Turms nach oben steigt, ahnen sie, dass ihre Geschichten nicht nur in der Kirche ihren Platz haben, sondern von Gott selbst gehört, angeschaut und gewürdigt werden. Sie haben auch bei ihm ihren selbstverständlichen Platz.

Im Film »Raining Stones« des britischen Regisseurs Ken Loach begegnen wir Bob. Ein stolzer Mann in einer nordenglischen Stadt, er ist arbeitslos, geht stempeln und bringt seine Frau Anne und die Tochter Coleen mehr schlecht als recht über die Runden. Coleen bereitet sich gerade auf die Erstkommunion vor. Bob möchte seiner Tochter ein richtiges Fest bieten, mit allem Drum und Dran. Dazu gehört auch ein vernünftiges Erstkommunionkleid mit Schleier und weißen Schuhen. Aber das alles kostet 80 Pfund, woher soll Bob das Geld nehmen? Der katholische Priester Pater Barry rät ihm, sich irgendwo gebrauchte Kleidung zu leihen. Aber Bob will, dass seine Tochter in genauso schönen Kleidern zur Erstkommunion gehen kann wie alle anderen Kinder auch. In neuen Kleidern! In Kleidern, die ihr gehören!

Bob ist einer von denen, die nicht über Stolz reden, sondern in denen Stolz und Ehrgefühl fest implementiert sind: danach handelt man im Leben. Also schreitet Bob zur Tat. Um Geld aufzutreiben, tut er alles: Er stiehlt ein Schaf, um es an den Koch in einem Pub zu verkaufen. Aber das Schaf stellt sich als ungenießbarer Hammel heraus und bringt nur ein paar Kröten. Mit einem Kumpel zusammen lässt er sich anheuern, um Rasenstücke vom Golfplatz der örtlichen konservativen Partei zu stehlen. Auch das bringt keinen Erfolg. Den Job als Rausschmeißer in einer Disco verliert er sofort wieder, als er einen Dealer, den er mit der Tochter seines Freundes sieht, vermöbelt. Dann bietet er seine Dienste als Dachrinnen- und Rohrreiniger an. Doch Pater Barry, sein erster Kunde, glaubt, er mache dies für Gottes Lohn und bezahlt ihn mit einem warmen Dankeschön. Bob, nicht nur stolzer Engländer, sondern auch gläubiger Katholik, traut sich nicht, ihm die irdische Wahrheit und eine Rechnung zu präsentieren. Schließlich leiht er sich das Geld bei einem Kredithai, der später ums Leben kommt, wodurch Bob in den falschen Verdacht gerät, er sei zum Mörder geworden. Pater Barry hilft Bob dann doch aus seiner existenziellen und moralischen Klemme. Er versteckt sich nicht mehr hinter katholischer Dogmatik, die es ihm leicht macht, sich aus allem Alltäglichen und dessen Sorgen herauszuhalten. Jetzt heißt Katholizismus, die Not der Menschen zu sehen und zu beheben. In einem beeindruckenden Beichtgespräch stellt sich heraus, dass der Kredithai betrunken mit dem Auto gegen einen Pfeiler fuhr und dadurch starb. Pater Barry holt eine Flasche Wein hervor. Er stößt mit Bob an und feiert mit ihm so etwas wie eine Auferstehungsmesse, bei der er Bob klarmacht, wie vielen Menschen es nun durch das Ableben des Wucherers besser geht. Unter anderem eben auch Bob selbst. Durch sein im wahrsten Sinne des Wortes eigensinniges Handeln provoziert Bob im Zuschauer die Frage, warum man den Schein nicht wahren darf, nur weil er trügt. Bob hat verstanden: es trägt nur das durchs Leben, was die Menschen gemeinsam feiern. Nicht umsonst leitet sich das Wort »Kultur« von »Kultus« ab, von der religiösen Feier. Wer Kultur lernen will, muss auch Gott lernen. Bob spürt, dass dazu ein Rahmen notwendig ist, der echte Gemeinschaft ermöglicht, in dem die Kinder und die Eltern gleich sind. Der Regisseur Ken Loach weist in seinem Film die Kirche genau auf diese Aufgabe hin: Es ist dein Job, diesen Rahmen zu schaffen. Aber es ist auch dein großer Verdienst. Darin bist du gut, so gut wie wenige andere.

Durch Höhen und Tiefen und nach vielen Wendungen endet der Film mit einem wunderbaren und in der Filmgeschichte wohl einzigartigen Schlussbild, vielleicht einem der berührendsten und zugleich frommsten: Am Tag der Erstkommunion stehen alle Kinder in einer Reihe in der Kirche und empfangen die Kommunion. Mittendrin Bobs Tochter Coleen.»Der Leib Christi.« Abspann.

IM SYMBOLSPIEGEL LÄSST SICH DER EIGENE WERT ERKENNEN

In HöVi gibt es einen großen Vorrat an Erstkommunionkleidern in allen Größen. Sie hängen in einem extra dafür eingerichteten Raum und werden sorgsam gepflegt. Manche sind gespendet, andere, vor allem die Größen, die sehr gefragt sind, werden auch neu hinzugekauft. Ebenso festliche Anzüge für die Jungs. So können sich die Eltern, wenn sie wollen, aus dem Vorrat Kleid, Hose oder Jacke nehmen. Niemand wird deswegen schief angeschaut. Sie geben alles nach der Kommunion zurück – oder auch nicht, das entscheiden sie selbst.»Wo es arm ist, darf es nicht ärmlich sein« gilt eben auch für die Feier der Erstkommunion, die für alle Familien im Viertel – ob arm oder reich – ein wichtiges Fest ist. Das merkt man, wenn man die Familien besucht. Oft werden sofort die Fotoalben mit Fotos von der Erstkommunion hervorgeholt und voller Stolz gezeigt. Wichtig ist das Bild, das in den Köpfen der Eltern und Kinder von der Zeit der Vorbereitung, aber vor allem vom Festtag selbst zurückbleibt und das mit den Fotoalben auch transportiert wird: Hier waren wir Gleiche unter Gleichen. Die Bedeutung ist überdeutlich. Die Kirche darf das Bedeutungsvolle niemals missachten, sie muss es unterstützen, wo sie nur kann. Denn die Kirche ist die Expertin für das

Symbol, für bedeutungsvolle Geschichten, sie ist die Ritusexpertin. Es ist die Aufgabe der Kirchengemeinde, den Rahmen zu schaffen, damit das Fest für alle erinnerungsschön wird. Das steht und fällt manchmal mit organisatorischen Kleinigkeiten. Zum Beispiel wird in HöVi darauf geachtet, dass einer der Erstkommuniongottesdienste am Samstag um 14 Uhr stattfindet. Dieser Termin wird von manchen Eltern gerne genommen, weil sie dadurch das Mittagessen für viele Gäste sparen, mit dem Kaffeetrinken beginnen und in den Abend hinein feiern können.

Wer spürt, dass er nicht ausgegrenzt ist, sondern mit seiner Lebensgeschichte seinen Platz und Anteil hat, der fasst Vertrauen zu sich selber. Zu seinen Talenten und Geschicken. Zu seinen Fähigkeiten und Fertigkeiten. Er spürt seinen Wert im Spiegelbild der Gruppe. Er fasst auch – wieder – Vertrauen zu anderen. Das gilt für die Kinder in der Erstkommunionvorbereitung, das gilt aber auch für ihre Eltern, für alle Erwachsenen.

Fast jede Frau hat eine beste Freundin. Meistens wissen beste Freundinnen mehr übereinander als die jeweiligen männlichen Partner. Beste Freundinnen vertrauen einander. Bei vielen Männern ist das anders. Männer haben eher Kumpel. Männer reden nicht gern über das, was sie gerade wirklich bewegt, über Frau und Familie, über das, was gelingt oder auch gerade daneben geht. Oder, ganz unmöglich: Wie sie sich gerade fühlen. Nicht sprechen können, verstummen – ein entscheidender Grund fürs Scheitern, ob im Beruf, in der Liebe oder in der Familie. In HöVi helfen seit Jahren die völlig überlaufenen Väter-Kinder-Wochenenden, einen Rahmen zu schaffen, nach dem viele Männer sich sehnen: wo Männer neu aneinander lernen, wer sie selbst eigentlich auch noch sind, wie ähnlich sie sich sind in ihren Zweifeln und Ängsten, der Familie nicht zu genügen, wirtschaftliche Sicherheit einzubüßen, Anerkennung zu verlieren. Die Väter-Kinder-Wochenenden schaffen den Rahmen, in denen Männer spüren, wie gleich sie sich eigentlich sind. Wie gut es tut, das wahrzunehmen. Eigentlich ist das nicht schwer.

Väter-Kinder-Wochenenden können ganz klein beginnen. Vielleicht selbst organisiert in einer Jugendherberge. Wenn die kleine Tochter nach dem ersten Regenguss bereits keine trockene Kleidung mehr hat – da wird dem Vater bewusst, dass er noch nie den Koffer seiner Kinder gepackt hat und gar nicht weiß, wo daheim die Gummistiefel stehen oder wie man den Wäschetrockner einschaltet. Ein andrer Vater hilft natürlich mit trockenen Sachen aus. Wenn Väter allein mit ihren Kindern unterwegs sind, gibt es kein Ausweichen. Da ist keine Frau, die der Mann zu Hilfe holen kann, auf die er Alltagsarbeiten und »Kinderkram« abschieben kann. Da gibt es nur den Vater und seine Kinder. Und natürlich die Väter untereinander. Dann sind Erfahrungen, Gespräche und Erkenntnisse möglich, die eigentlich schon lange hätten gemacht werden sollen. Abends stehen die Männer am Lagerfeuer und richten ihren Blick in die Flammen, während ihre Kinder an Stöcken köstliches Brot rösten und ihre Gesichter immer dunkler werden von Schweiß und Asche. Natürlich sprechen die Männer auch über Fußball oder wie man am sinnvollsten einen Gartenzaun anstreicht. Aber sie selbst werden sich auch zum Thema. Der Druck, den sie auf der Arbeit spüren. Die Gewissheit, zu wenig Zeit zu haben für die Frau, die Kinder, für sich selbst. Dann erfahren sie, dass es nicht schlimm, peinlich oder exotisch ist, darüber zu reden. Sie beginnen, über ihre Jugend zu sprechen. Über die Zeit, als sie selbst zu Männern wurden. Erinnerungen an nicht genutzte Chancen: Wie wichtig wäre da mein Vater gewesen!

Warum konnte er nicht mit mir reden, mich nicht trösten? Erinnerungen wie Fotos auf dem Kamin: Mein Vater ist mit mir in den Wald gegangen. Mein Vater hat mir gezeigt, wie ich mit der Axt umgehen muss. Männer erzählen, wie sie selber groß wurden, wie sie in ihrer kindlichen Zeitlosigkeit herumgestreunt sind. Vor dem Feuer steigt die Sehnsucht, dorthin zurückzukehren. Das geht nicht, aber eines geht: mit den eigenen Kindern ein Stück dieser Welt zu erobern. Erste Ideen werden geboren: Kannst du mit mir einen Bogen schnitzen? Hast du Lust, mit uns ein Baumhaus zu bauen?

Bei den ökumenischen Väter-Kinder-Wochenenden in HöVi fahren inzwischen gut zwanzig Väter mit ihren Kindern mit, 50 bis 60 Leute. Es gibt Zeit, die die Väter zusammen mit den Kindern verbringen. Aber die Väter sind auch unter sich, genauso wie die Kinder. Es gibt Spiel und Sport, Wettkämpfe und Fußballturniere, Kanu fahren, Schwimmen und Klettern. Es gibt aber auch Abendgebet, Bibelgespräche und den gemeinsamen Gottesdienst am Sonntag. Vorbereitet werden die Wochenenden in einem Team von Ehrenamtlichen, darunter auch Jugendliche, die sich vor allem um das Kinderprogramm kümmern. Die Teilnahme kostet fast nichts und wird durch Mittel der HöVi-Familienwerkstatt kräftig unterstützt. Das Verblüffende ist zugleich das Wichtigste: Menschen aus unterschiedlichen Schichten, mit unterschiedlichen Biografien und Bildungshintergründen verbringen gemeinsam eine gefüllte Zeit »unter Gleichen«. Inzwischen bereiten sie die Wochenenden sogar zum Teil selber vor. Und es zeigt sich: Wenn Männer gute Freunde haben, wenn sie sich selbst als Gleiche unter Gleichen betrachten, erleben sie im Gegenüber eine unbedingt notwendige Reflexionsfläche ihrer eigenen Männlichkeit, ihrer Identität als Vater, Mann und Partner. Ein Korrektiv.

Das tut ihnen gut. Es ist wichtig für ihre Kinder. Sonst suchen sich diese andere, meist zweifelhafte Formen von Männlichkeit zur eigenen Orientierung. Es ist gut für die Familie. Denn zurück kommen Männer, keine schwierigen Sorgenkinder mehr.

EIN HAUS FÜR GLEICHE

An der modernen Architektur von St. Theodor – mitten in ihr – kann man ablesen, worum es in der Kirche geht. Theologen sprechen von den Grunddimensionen kirchlichen Handelns: Es geht darum, barmherzig *(Diakonie)* zu sein, zusammen zu feiern *(Liturgie)* – im Gottesdienst oder auch bei anderen Anlässen –, dadurch Gemeinschaft *(Koinonie)* zu stiften und anderen davon zu erzählen *(Martyrie)*. Betritt man die Kirche durch den Keller, ist man mitten in der ersten Dimension. Die Basis von allem ist die Diakonie, die Barmherzigkeit, also die Bereitschaft, die Not des Gegenübers, des Viertelbewohners, nicht nur im Gebet mitzubedenken, sondern auch praktisch zu lindern. Wer Hunger hat, bekommt in der Lebensmittelausgabe ein Brot. Wer friert, kann sich einkleiden mit einem neuen Mantel, sogar in einer Umkleidekabine eine Hose oder einen Anzug anprobieren. Wer kein Fahrrad hat, bekommt eins. Ein Kind, das kein Geburtstagsgeschenk kaufen kann und Angst hat, deswegen nicht zum Kindergeburtstag eingeladen zu werden, kann sich ein Geschenk aussuchen. Und noch eins für den Bruder oder die Schwester mitnehmen. Eine Frau, die ein Kind erwartet und nicht weiß, wie sie diese neue Situation bewältigen soll, bekommt eine Kindererstausstattung, Kinderkleider und einen Kinderwagen. Im Basement stehen auch noch Blumen und Blumenkübel, die von dort aus im Viertel verteilt und gepflanzt werden. Nicht in privaten Beeten, sondern in öffentlichen, die für alle da sind und an denen sich alle erfreuen, besonders die vielen, die keinen eigenen Garten hinterm Haus haben. Es lagern dort Tüten für die Automaten, die durch die Gemeinde im Viertel aufgehängt worden sind; Hundebesitzer sollen sich eine Tüte nehmen und darin den Kot ihrer Hunde aufsammeln, damit der öffentliche Raum, der allen gehört, nicht verschmutzt wird. Kleine, aber effektive Zeichen dafür, dass der öffentliche Raum allen gleich gehört und dass alle eine Verantwortung für dessen Erhaltung und Pflege haben. Und es hängen im Kirchenkeller 120 elektrische Weihnachtssterne, die im Advent von Ehrenamtlichen an den Straßenlaternen aufgehängt werden und auf die viele Nachbarviertel in Köln richtig neidisch sind. Denn jeder braucht Licht und Zeichen von Solidarität in dunklen Zeiten, oder christlich gesprochen, Hoffnungszeichen, darin sind doch alle Menschen gleich. Nicht jeder hat einen Menschen, in dessen Gemeinschaft er zu Hause eine Kerze anzünden kann.

Im Keller wird für alle gekocht: Wenn die Erstkommunionkinder sich treffen, wird in der großen Wagenhalle eine große Tafel aufgebaut, an der alle Platz nehmen. Zauberer Smitti kommt vorbei und zaubert für alle. Wenn die Fronleichnams-Prozession dort endet, gibt es für alle Pommes Frites und Pizza. Wenn die Firmjugendlichen während ihrer Firmvorbereitung in der und um die Kirche wohnen, kochen sie dort für die ganze Gruppe. Das ist die Basis allen kirchlichen Handelns: die Diakonie, die Barmherzigkeit. Davon ist niemand ausgeschlossen. Jeder muss sich in ihr üben, und jeder ist irgendwann in seinem Leben ihrer bedürftig. Hier im »Diakonie-Keller« wird spürbar: Das ist nicht nur so dahergesagt. Der Keller ist auch das Fundament für den ganzen Kirchbau. Alle Traglast ruht auf ihm.

Vom Keller aus führt der Weg nach oben in den Kirchenraum mit dem angrenzenden Gebäuderiegel. An den Rundbau, dem eigentlichen Kirchenraum, ist der Riegel wie eine Tangente angelegt. Er ist zum Gottesdienstraum hin offen. Dort befinden sich ein Café, zwei Toiletten, der Raum für die Ministranten, eine Bibliothek und eine lange Galerie für Kunstausstellungen. Der Kirchenbesucher kann sich also zwischen dem sakralen und dem weltlichen Raum hin- und herbewegen. Ein Lichtband, welches Tageslicht durch das Dach in die Kirche führt und auf dem Fußboden eine Linie aus Licht hinterlässt, bezeichnet spielerisch so etwas wie eine Grenze. Weltlicher und dem sakraler Raum stehen miteinander im Dialog, sind nicht vermischt, aber aufeinander bezogen und gehören zusammen. Der Punkt, an dem die Tangente den Kreis berührt, wird im Kirchenraum durch einen schmalen Fensterschlitz symbolisch markiert. An dieser Nahtstelle befindet sich eine alte Madonnenstatue mit einem Jesuskind. Wo die Architektur das Zusammenspiel von weltlichem und sakralem Raum auf den Punkt bringt, zeigt die Statue eindrücklich, wie Gott und Welt zusammenkommen: Gott ist Mensch geworden. Manchmal hört man im Keller das Orgelspiel, oder ein Gebet dringt in die Gemeindewerkstatt nach unten. Die runde Formensprache der Kirche und das Material wiederholen sich, wenigstens in Anklängen, im Keller. So ergibt sich für die Menschen, die sich dem Raum aussetzen, für die, die beten, wie für die, die arbeiten, eine spürbare Verbindung. Erst wenn Menschen sich zur Barmherzigkeit als gemeinsamer Verantwortung bekannt haben, »dürfen« sie nach oben gehen, um Liturgie zu feiern – die zweite Dimension kirchlichen Handelns. Das Üben von Barmherzigkeit, die pragmatische Hilfe führt wie selbstverständlich zur Feier des Gottesdienstes: Darin spüren die Menschen, wie in der

Zuwendung zum anderen bereits Gemeinschaft – die dritte Dimension kirchlichen Lebens – und Gleichheit entstanden sind. Im Gottesdienst finden sie ihren besonderen Ausdruck, ihren feierlichen Kulturrahmen. Die Feierkultur geht über den Gottesdienst hinaus: Wenn Menschen nachher zusammenbleiben, Kaffee trinken, von der Gemeinde bewirtet werden. Wenn eine Ausstellung eröffnet wird oder eine Lesung in der Bibliothek stattfindet. Wenn Schülerinnen und Schüler nach dem Schulgottesdienst zusammen essen.

Jetzt kann man noch das Dach der Kirche besteigen. An den zwölf Stationen des Kreuzwegs Jesu vorbei führt der Weg treppauf wie durch eine Schlucht, die sich einmal rund um das Kirchengebäude zieht. Der Weg öffnet sich in die begehbare Dachfläche hinein. Am Ende des Kreuzwegs öffnet sich ein imposanter Blick über das Viertel, aber auch weit in das linksrheinische Köln hinein. Das ist kein triumphaler, trunkener Blick, sondern einer, der einerseits die Erinnerung an den Kreuzweg und damit andererseits die Menschen im Viertel nicht aus den Augen verliert.

Spätestens nun beginnt die vierte Dimension kirchlichen Handelns: von dem zu berichten, wovon das Herz voll ist. Theologisch heißt das: den anderen von dem Zeugnis abzulegen, was einen selber trägt.

DER UNTERSCHIED: WIR SIND GLEICHE

Der Theologe Hans-Joachim Höhn sagt:»Entscheidend für Christen ist nicht, dass sie den Unterschied zu anderen Akteuren, Gemeinschaften und Religionen in unserer Gesellschaft herausstellen. Entscheidend christlich ist es, für das einzustehen, was alle Menschen verbindet, eint und untereinander gleich macht.« Gleich sind die Menschen in ihrer

Verantwortung füreinander und für die Welt. Unterschiedlich allerdings in dem Maß, das jeder tragen kann. Gleich sind die Menschen darin, dass sie selber barmherzig sein müssen, aber auch darin, dass jeder Mensch selber Barmherzigkeit braucht. Gleich sind die Menschen, arm oder reich, darin, dass nur das, was in einem kulturellen Rahmen gefeiert wird, ihr Leben wirklich tragen kann. Gleich sind die Menschen darin, dass sich dies in der Gemeinschaft, in der Beziehung zu anderen ausdrückt. Und gleich sind die Menschen darin, dass sie nicht darüber schweigen können und dürfen, was notwendig ist, damit die Welt heil wird. Dafür brauchen die Kirchen jeden, vor allem die, die sie zu wenig im Blick haben. Die Kirchen sollten kraft ihrer Freiheit und ihrer Sendung kulturell und intellektuell vorne sein, nicht lahm hinterherhinken. Sie sollten vor allem die Starken und die Schwachen anlocken, nicht die Unbeweglichen.

Zeit für eine Geschichte, eine Frau erzählt sie:

Mein größter Fehler ist vielleicht meine Ungeduld. Ich bin Online-Redakteurin in einem großen Unternehmen der Telekommunikation. Und meine Kollegen haben es mit mir nicht immer einfach, denn ich kann es gar nicht leiden, wenn ich den Eindruck habe, sie verstehen mich nicht. Wenn ich ihnen zu schnell bin. Ich bin gerne schnell. Meistens macht mir die Arbeit Spaß. Aber sie ist nicht alles. Sie ist auch einfach Broterwerb. Und sie füllt mich keineswegs aus. Ich möchte etwas Sinnvolles machen. Das meine ich ernst, und immer, wenn ich abends die Firma verlasse, wird dieser Wunsch größer.

Ich bin keine regelmäßige Kirchgängerin oder so etwas. Aber ich finde gut, was hier gemacht wird. Ich habe darüber gelesen und nachgefragt, was ich denn tun kann. Und seit einiger Zeit betreue ich in HöVi vier Mädchen, eine richtige Girlsgroup. Sie sind sechzehn oder siebzehn Jahre alt. Am Ende der Pubertät, voller Hoffnungen und Träume, aber auch voller Begegnungen mit einer ernüchternden Realität. Erstmal wartet niemand auf sie, Bewerbungen landen im Nirwana. Vier Mädchen, klein und zierlich, kräftig und trotzig, mit scheuem Lächeln, mit Blaue-Augen-Blicken.

Ich denke, ich bin wie eine viel ältere größere Schwester für sie, die es geschafft hat. Oder wie eine Tante, die vorbei kommt, ab und zu. Das ist etwas anderes als eine Freundin. Ich kann nicht so tun, als wäre ich wie sie. Das wäre nicht richtig. Ich möchte sie beraten. Nein, ich möchte, dass sie von mir etwas lernen, wenn sie das wollen. Ein bisschen Lebenswissen kann ich ihnen geben. Ein bisschen Kultur. Wie aus Mädchen Frauen werden. Ich habe es geschafft, Gott sei Dank, und doch habe ich etwas mit denen zu tun, die es schwerer haben, etwas zu schaffen. Ich möchte nicht, dass sie mir egal sind.

Einmal in der Woche treffen wir uns. Zunächst habe ich mit dem begonnen, was ich am besten kann. Ich habe sie mit dem Computer vertraut gemacht. Wir haben Bewerbungen geschrieben und in Rollenspielen Einstellungsgespräche trainiert. Ich hoffe nicht, dass ich die Mädchen mit meiner direkten Art verstöre. Ich halte mit meiner Meinung nämlich nicht hinter dem Berg und sage genau, was ich denke. Alles andere hat keinen Zweck. Unser Vertrauensverhältnis wächst langsam. Für die Mädchen war es am Anfang komisch, mit einer Erwachsenen regelmäßig Zeit zu verbringen. Das habe ich gespürt. Eines Tages muss ich ihnen mal sagen, wie sie es vermeiden, von ihrem nächsten Freund ausgenutzt zu werden. Wie Liebe selbstbewusst und ohne falsches Opfer funktioniert. Und ich werde mich mit ihnen freuen, wenn einer Bewerbung endlich die Zusage folgt. Und ihnen auch zeigen, wie man das zünftig feiert.

Neulich habe ich alle ins Theater eingeladen. Manche waren noch nicht dort. Aber warum soll ich ihnen nicht Orte zeigen, die mir selbst viel bedeuten? Sie waren aufmerksam und neugierig, ein bisschen schüchtern und still. Sie haben sich fein angezogen und waren ganz schön stolz.

Jemand hat zu mir gesagt: Du machst das, was viele in der
Theorie fordern: Tätige Solidarität und praktischen Bürgersinn.
Darüber habe ich noch nie nachgedacht. Ich habe ein gutes
Gefühl. Ein bisschen weniger schlechtes Gewissen, weil ich
von dem abgeben kann, durch das ich groß geworden bin.

Der Grundriss der Kirche St. Theodor gleicht dem griechi-
schen Buchstaben Omega: Ω. Luftbilder zeigen das ganz
eindrucksvoll. Wenn Kinder das hören, würden sie sich
gerne in einen Hubschrauber setzen, um die Kirche wirklich mal von oben zu sehen. Tatsächlich führt ein Treppen-
aufgang einmal um die Kirche herum, und wenn man alle
Stufen hinaufgeklettert ist, steht man auf dem Dach und
schaut herunter. Dann kann man das Omega, den letzten
Buchstaben des Alphabets, also: das Ende, ganz gut erkennen. Der ziemlich neue Kirchbau sagt mit einer ironischen
Geste über sich selbst, dass er irgendwann nicht mehr da
sein wird. Vielleicht wird er einmal ungenutzt leer stehen
oder zu Staub zerrieben. Der Bau drückt in gewisser Weise das Gegenteil von dem aus, was Baumeister mit ihren
Werken eigentlich in Stein oder Beton verewigen möchten:
Hier wurde für die Ewigkeit gebaut. Darüber hinaus verweist die Architektur auf das Ende alles Materiellen und
Immobilen und stellt dadurch indirekt die Frage: Was kann
denn eigentlich auf Dauer tragen, wenn sogar ein Gebäude
aus Stahlbeton über sich sagt: »Ich kann es nicht«?

6. KAPITEL

*»Ging es nach mir, sollten wir mehr
aufeinander schauen«
(Sportfreunde Stiller)*

DAS ANDERE IM BLICK
Von Peter Otten

»Wenn der Wind der Veränderung weht, bauen einige
Leute Schutzhütten, und andere Windmühlen«, sagt ein
chinesisches Sprichwort. Kirche und ihre Gemeinden vor
Ort stehen im Wind. Die Herausforderungen sind bekannt:
Immer größere pastorale Räume – Pfarreien, Großpfarrei-
en – weichen die vertrauten Strukturen auf. Wege werden
länger, Kommunikation wird aufwändiger, Beziehungen
fragiler, Verlässlichkeit komplizierter, Ressourcen knapper.
Auch die Menschen verändern sich. Sie werden weniger
und sind weniger selbstverständlich Mitglieder der Kirche.
Sie gehen anders mit ihrer knappen Zeit um und inves-
tieren sie gezielter. Sie vernetzen sich anders. Sie suchen
übrigens auch an anderen Orten als in der Kirche durchaus
mit Sinn nach Sinnvollem. Das gilt vor allem für Jugendliche, die immer mehr unter Druck stehen, da Ausbildung
und Berufsorientierung zunehmend unter ökonomische
Zwänge geraten und immer mehr Aufmerksamkeit und
größere Zeitbudgets verlangen.
Aus dem eingangs zitierten Sprichwort kann die Kirche
zwei Handlungsoptionen ableiten. Zum einen könnte sie
dem menschlich nachvollziehbaren Bedürfnis nachgeben,

im Rückzug den Kopf aus dem Sturm zu nehmen und mit dem verbliebenen Rest der Schafe Schutz zu suchen. Das wäre die Kirche der treuen Wenigen. Allerdings ist zu bedenken: Von den genannten Herausforderungen ist ja nicht nur die Kirche, sondern auch die Welt insgesamt betroffen. Auch auf sie bläst der Wind der Veränderung heftig aus allen Himmelsrichtungen. Kirche ist Kirche in der Welt und nicht außerhalb oder neben ihr. Als Teil der Welt trägt die Kirche für sie Mitverantwortung. Pastorales Handeln meint zwar immer den Einzelnen, diesen aber stets mit seinen Beziehungen in der Welt. Damit geht es der Kirche um diese Beziehungen und eben die Welt selbst. Vielleicht hilft der Blick auf die zweite Handlungsoption: Den Bau einer Windmühle.

Eine Gemeinde findet zu sich selbst und handelt weniger selbstbezogen und damit exklusiv-ausschließend, wenn sie sich mit einer klaren Perspektive auf die konkret vorgefundenen Bedingungen vor Ort einlässt, wenn sie sich von konkreten Verhältnissen und Bedürfnissen, von der Not der Menschen in den Dienst nehmen lässt. Ferdinand Oertel sagt: »Das Katholische erschließt sich heute dem Menschen an der Basis, in der Gemeinde vor Ort. Neue religiöse Identität lässt sich nicht in der Universalkirche finden, sondern durch ›Einbettung‹ in die Lebensgemeinschaft einer Pfarrei.« Allerdings nennt er eine entscheidende Bedingung: »Voraussetzung dafür ist eine entsprechende Angebots- und Servicepastoral.« Versteht sich die kirchliche Gemeinde als Lebensgemeinschaft im und für den ganzen Stadtteil, kann diese Angebots- und Servicepastoral auch in den klassischen Feldern der religiösen Bildung, der »Katechese«, in der Glaubensvermittlung gelingen. Ein Beispiel aus der Arbeit mit jungen Menschen macht dies deutlich.

DER HEILIGE GEIST DES ALLTAGS

Gefirmt werden bedeutet in Köln-HöVi zunächst: zusammen wohnen. Fünfzig Jugendliche und Katecheten ziehen für eine Woche zusammen in eine WG. Und zwar nicht in den Ferien, um Urlaub zu machen, sondern während einer ganz normalen Alltagswoche, in der die Jugendlichen tagsüber zur Schule oder zur Arbeit gehen. Der normale Alltag muss bewältigt werden: Küchenpläne werden gemacht, Einkauf- und Putzdienste eingeteilt. Natürlich kommen alle dran, es geht fair zu. Hausaufgabenhilfe wird organisiert, Freizeit gestaltet. Gemeinsam wird überlegt, was man am freien Abend unternehmen will. Alles geschieht in den Räumen der Gemeinde: in der Kirche wird gebetet, Altenclub und Kirchenchor ziehen für eine Woche aus dem Pfarrsaal aus (was ihre Aufmerksamkeit für die Firmung in der Gemeinde und ihre Anteilnahme am Leben der jungen Leute erhöht), darin wird das große Wohn- und Esszimmer eingerichtet. In der Besuchszeit am Nachmittag kommen die Alten und andere Gemeindemitglieder, aber auch Freunde und Freundinnen der Jugendlichen vorbei. Sie sind neugierig. Das klingt ja alles abenteuerlich.

Wie kam es zu dieser Gestalt der Vorbereitung? Die Gemeinde hat nach einer Form gesucht, die spannend für Jugendliche ist. Ehrlich gesagt hatte niemand mehr Lust auf die traditionellen Gruppenstunden einmal in der Woche von 15:45 bis 16:45 Uhr. Allen, den Jugendlichen wie den Katecheten, war die sehr verschulte, etwas verkrampfte und unattraktive Art der Zusammenkunft klar bewusst. Bei der Suche nach Abhilfe stand die Frage im Vordergrund: Wie kann man junge Menschen spüren lassen, dass der Glaube an Gott wirklich etwas mit ihrem Leben zu tun hat? Einerseits beiläufiger und alltäglicher, als sie sich das vielleicht vorstellen können. Andererseits tiefer und existenzieller, als sie das bisher kennen. Und: Wie kann eine Vorbereitung aussehen, die niemanden ausschließt? Die nicht exklusiv für Menschen mit Insiderwissen ist, sondern einladend inklusiv, für Hauptschüler und Gymnasiasten, für Jungen und Mädchen, für Leseratten und Sportskanonen? Das Ziel: Glaubenserfahrung im Alltag ermöglichen.

Ist das klar, liegt auf einmal alles auf der Hand: Was man in der Kirche den »Geist des Friedens« nennt, wird nicht nur behauptet, sondern konkret, wenn sich eine Gruppe darauf einigen muss, wer zuerst duschen darf und wer später drankommt, dass Jungs auch den Staubsauger in die Hand nehmen müssen und dass nicht staubsaugen wollen »uncool« ist. Der »Geist der Klugheit« wird wichtig, wenn Essenspläne nicht nur nach den eigenen Vorlieben zusammenzustellen sind. Der »Geist des Rates« ist gefragt, wenn einem Mädchen bewusst wird, nicht nur der eigene Freund findet sie attraktiv und liebenswert. Natürlich gibt es an jedem Abend auch ein katechetisches Thema, wird gebetet und Gottesdienst gefeiert. Aber die Glaubensvermittlung geschieht eher in den Zwischenräumen des Alltags, eher induktiv als deduktiv-dozierend. Indem alle gemeinsam auf das schauen, was bei ihnen und in der Gruppe geschieht und es im Geist des Glaubens deuten. Es muss gelingen, eine Atmosphäre zu schaffen, die nicht ausschließend ist. Zum Beispiel dadurch, dass Jugendliche einen Teil ihrer Einrichtungsgegenstände mitbringen können, aus den Teilen ergibt sich für die Zeit des WG-Lebens die Wohnungseinrichtung aller.

Richard von Weizsäcker sagt: »Was im Vorhinein nicht ausgegrenzt wird, muss im Nachhinein nicht eingegliedert werden.« Beim ersten Mal dieser Firmvorbereitung geschah Folgendes: Als sich die Jugendlichen am Montagmorgen auf den Weg zur Schule, zur Ausbildungsstelle oder zur Arbeit machten, blieben zwei Jungs zurück. Sie schnappten sich die Tischtennisschläger und begannen zu spielen. Das sah so selbstverständlich aus, als würden sie nie etwas anderes machen. Wir haben trotzdem nachgefragt. Es gab einfach nichts, wo sie hätten hingehen können. Sie waren nicht mehr schulpflichtig und hatten keine Ausbildungs- oder Arbeitsstelle – und wir Verantwortliche hatten das im Vorfeld nicht bemerkt! Schnell war klar, was in dieser Woche geschehen musste: Für die beiden musste eine Perspektive her. Es wurde telefoniert, das HöVi-Netzwerk wurde in Gang gesetzt. Zunächst konnten die beiden kurzfristig beim HöVi-Viertelstrupp, der die Grünflächen pflegt, eingesetzt werden. Außerdem halfen sie Küster und Hausmeister. Am Ende der Woche aber hatten wir dem einen eine Praktikumsstelle in einem Baumarkt vermittelt, der andere kam wenigstens in einer berufsvorbereitenden Maßnahme unter.

Ihn traf ich nach einigen Jahren wieder. Stolz erzählte er, eigentlich ein stiller und zurückhaltender Mann, dass er nach der Maßnahme eine Lehre zum Notarsgehilfen abgeschlossen habe und sich zurzeit neben der Arbeit auf das Fachabitur vorbereite. Die Firmvorbereitung war an dieser Erfolgsgeschichte nicht ganz unbeteiligt.

Die Jugendlichen werden diese Zeit, die Vorbereitung auf das Sakrament der Firmung, nicht vergessen. Denn in dieser Woche ging es mit ihrer Biografie einen Schritt voran. »Die meinen ja mich!« »Ich bin denen nicht egal.« In der Deutung des Glaubens: »Ich bin Gott nicht egal.« Gibt es eine einfachere und zugleich wichtigere Erfahrung für einen Menschen?

Inklusion heißt: Du bist gemeint, so wie du bist. Du bist dabei. Auf dich kommt es an. Du bist wichtig. Du bist kein

Niemand. Und das, womit du dich tagtäglich beschäftigst, ist nicht unbedeutend. Fromm gewendet: Gott meint es gut mit dir.

DIE SYMPHONIE DER MENSCHEN

Religion oder religiöse Bildung ist immer Bestandteil eines kulturellen Prozesses. Religion als kulturelle Leistung hilft einem Menschen, zu einer Persönlichkeit zu werden. Man muss nicht immer Sternstunden erleben wie bei dieser ersten Firmvorbereitung im Zusammenleben mit dem gelungenen Start gleich zweier Berufsbiografien. Oft sind Kleinigkeiten entscheidend. Inklusiv verstandene Pastoral bedeutet jedenfalls: Ich gehe nicht von mir aus, sondern von meinem Gegenüber. Ich versuche Räume aufzuschließen oder Perspektiven zu schaffen, damit sein Leben gut wird. Inklusion bedeutet, einen Raum zu gestalten und gleichzeitig so offen zu halten, damit ein Mensch darin wirklich »andocken« kann. Inklusion bedeutet Begegnung. Sie gelingt, wenn gestaltete Räume so zugänglich sind, dass sie einem anderen Menschen helfen, Zugang zu seinem eigenen Raum, zu sich selbst und seiner Lebensperspektive zu finden. Inklusion ist eine kulturelle Leistung.

Die Berliner Philharmoniker engagieren sich seit einigen Jahren in Initiativen und Projekten, die klassische Musik aus dem Hochkultur-Feld der gehobenen Mittel- und der Oberklasse herauslösen und sie mit Kindern und Jugendlichen in Kontakt bringen, die sonst niemals die Chance hätten, ein klassisches Konzert zu erleben. Das vielleicht bekannteste Projekt in dieser Reihe war eine Kooperation mit dem britischen Choreografen Royston Maldoom. 250 Kinder und Jugendliche, zum größten Teil aus sozialen

Brennpunkten und »Problemschulen«, probten innerhalb weniger Wochen »Le Sacre du Printemps«, ein Ballett von Igor Strawinsky, um es schließlich mit überwältigendem Erfolg vor Tausenden Zuschauern aufzuführen. Der dabei entstandene Dokumentarfilm »Rhythm is it!«, 2005 mit dem Deutschen Filmpreis ausgezeichnet, zeigt diesen verblüffenden Prozess. Durch Menschen, die wohl noch nie in ihrem Leben mit Kunst oder einem künstlerischen Projekt in Berührung gekommen sind, entsteht ein Kunstwerk. Radikal wie Joseph Beuys glauben Maldoom und Rattle daran, dass jeder Mensch ein Künstler ist. Und dass dadurch, dass man die Menschen in Verbindung bringt, etwas Neues, Großartiges entsteht. Der Film zeigt auch, wie sich die jungen Menschen selbst im künstlerischen Prozess verändern, denn er eröffnet ihnen eine tiefe Beziehung zu sich selbst und untereinander.

Rattle begründet sein Engagement folgendermaßen: »Ich glaube, in einer Gesellschaft, in der Menschen immer selbstbezogener werden, braucht man alles, was Menschen verbindet. Musik ist immer Teamwork und Kreativität. Eines, glaube ich, kann die Beschäftigung mit Musik die Menschen besonders lehren: Das, was sie eher verbindet als trennt.« Und weiter: »Heute wissen wir einfach mehr, wie schrecklich wichtig alle Künste sind. Sie sind wahrscheinlich der beste Weg, Menschen zu zeigen, wie sie Beziehungen knüpfen, wie sie Teams bilden und ihre Gefühle ausdrücken lernen. Besonders gerade für Jugendliche, wenn alles in ihnen aufbricht und sie sich fühlen müssen, als zerplatzten sie. Da gibt's nicht nur Pickel auf der Haut, da gibt's auch Flecken auf der Seele. Die Kunst hat einen unglaublichen Einfluss auf all das.« Für Rattle darf Musik niemals Menschen ausschließen. Das stünde ihrem Wesen entgegen: »Diese Musik ist für alle da! Sie gehört nicht nur reichen Geschäftsleuten und deren Frauen. Eine Philharmonie ist keine Diva, die du anhimmeln musst. Sie ist ein Ort, an dem die außergewöhnlichste emotionale Musik gemacht wird – und die sollte jeder haben. Und wenn ich an überhaupt etwas glaube, wenn ich überhaupt eine Religion habe, dann die: Musik ist für alle da.«

Der Choreograf Royston Maldoon bilanziert seine Erfahrungen in der Arbeit mit Kindern und Jugendlichen ähnlich:»Kultur muss für alle verfügbar sein. Man weiß doch, dass Teilhabe an den Künsten viel dazu beiträgt, dass der Einzelne ein Gefühl des eigenen Werts entwickelt.« Die Künste, die Musik und der Tanz geben Menschen also auch Auskunft über sie selbst. Sie helfen Menschen dabei, sich selbst zu erschließen.»Darüber hinaus ist Musik, ist Tanz eine Sprache für Leute, die sprachlich nicht so behände sind, die keinen Aufsatz schreiben können.« Kunst kann dafür sorgen, Menschen in Prozesse hineinzunehmen. Kunst sorgt dafür, dass Menschen teilhaben können:»Sie bekommen damit eine Ausdrucksmöglichkeit, und das nimmt den Druck von ihnen weg. Kunst öffnet die Menschen für die Welt. Der Zugang zur Kultur ist auch eine Frage der sozialen Gerechtigkeit. Kultur macht uns zu dem, was wir sind, sie lässt uns erkennen, wer wir sind. Und so fördert sie unsere Mitmenschlichkeit.«

Dieser Ansatz, der in dem genannten Film»Rhythm is it!« in berührender Weise dokumentiert wird, hat die Arbeit in HöVi sehr inspiriert. Natürlich gibt es dort keinen Chefdirigenten, auch keinen charismatischen Choreografen und erst recht kein Philharmonisches Orchester. Aber der Film und seine Idee sind es wert, sich durch sie auch im Kleinen berühren und anstecken zu lassen. Es lohnt sich, die Essenz dieser Pädagogik, die Menschen Räume erschließen hilft, all den kleinen Rattles und Maldooms vorzustellen, die in den Klassenzimmern und Kindertagesstätten des Viertels jeden Tag mit Kindern unterwegs sind. Daher erging die Einladung zu einer Fortbildung an alle Lehrerinnen und Lehrer im Viertel sowie an alle Erzieherinnen und Erzieher der Kindertagesstätten sowie an sonstige Ehrenamtliche, die mit Kindern und Jugendlichen arbeiten. Alle sahen zunächst den Film. Anschließend ging es in Kleingruppen, wo an verschiedenen Fragen weiter gearbeitet und nachgedacht wurde: Wie sehe ich mich selbst in meiner Rolle als Pädagogin oder Pädagoge? Welchen Begriff von Pädagogik pflege ich, pflegen wir an unserer Schule, in unserer Gruppe? Welchen Blick haben wir auf die Kinder? Gelungene Beispiele und Ansätze wurden ausgetauscht. Am Schluss bekamen alle den Film auf DVD sowie jede und jeder weiterführendes Material geschenkt. So können sie in ihren Kollegien und Gruppenleiterrunden mithilfe des Films weiterdenken. Ähnliche Veranstaltungen wurden bei externen Lehrerfortbildungen von Lehrerverbänden angeboten.

RELIGIÖSE MUSIKALITÄT: GEMEINSAM SINGEN

Was für die Kunst als Bereich der Kultur gilt, gilt gleichermaßen für den Kulturbereich der Religion. Umberto Ecos bereits erwähnter Essay »Von deiner Geburt kannst du dir niemals selber erzählen« meint: Erzählen können, Wörter haben, Geschichten erfinden, sich in einer Sprache ausdrücken, eine Identität herausbilden, in Wörtern und Begriffen denken können, überhaupt eine eigene Geschichte haben, zu einer Biografie kommen – das hat keiner selbst produziert, selbst erfunden, selber hergestellt. Jedem und jeder wird es geschenkt von Eltern, Geschwistern, Großeltern und Freunden. Über das Bild der Familie, über die Strukturen hinaus, in denen der Mensch lebt und zu Hause ist, fügt die Religion den Menschen noch in einen großen Strom von biblischen Glaubensgeschichten, in Erfahrungen von Heilsamkeit ein. Religion ist so etwas wie eine Spurensammlung. Walter Benjamin sagt:»Eine Spur ist die Erscheinung einer Nähe, so fern sie auch sein mag.« Die religiöse Spurensammlung zeigt mir die Nähe, die Verbindung zu Menschen, so fern sie mir auch sein mögen, über Generationen hinweg. Ihre Spuren kann ich aufnehmen und deuten. Religion hilft dem Menschen dabei, sich selbst zu begreifen. Religion, die einen Zugang zum inneren Leben ermöglicht, zeigt dem Menschen, dass sein Leben eine soziologische Struktur hat, immer von dem her geprägt ist, was der andere auf mich hin sagt oder ausdrückt. Wie der andere mich anspricht und in mein Leben tritt, das prägt mich selbst. Wenn ich etwas über mich selbst wissen will, muss ich einen anderen fragen. Und umgekehrt. Denn ich bin für einen anderen stets auch der andere, der Fremde. Wir begegnen einander und Gott niemals im Modus des Wissens, sondern im Modus der Nähe. Indem wir den anderen anschauen, ahnen wir unseren eigenen Wert. Religion darf also niemals ausdrücken: Das musst du selber wissen. Genauso wenig wie sie ausdrücken darf: Ich weiß es besser als du. Religion, die zum inneren Leben ermächtigt, ist niemals ausschließend-exklusiv, sondern meint den anderen, und nur so finde ich heraus, wer ich selber bin. Manfred Brodeßer ist seit 23 Jahren Schulleiter der Katholischen Grundschule in Vingst. Er sagt:

»Inklusives Denken ist für pädagogisches Arbeiten im Sozialraum meiner Ansicht nach entscheidend. Das heißt: Ich will nicht, dass Menschen marginalisiert werden, weil es

zu nichts führt. Sondern dass alle das gleiche volle Recht auf individuelle Entwicklung und soziale Teilhabe haben. Inklusion ist für uns kein Modewort. Wir arbeiten schon seit vielen Jahren so, und ehrlich gesagt könnte ich mir es auch nicht anders vorstellen. Wir, das bin nicht nur ich, der Schulleiter, der im Hinblick auf seine Schule so denkt. Uns allen im Stadtteil ist ganz wichtig, dass wir nicht defizitorientiert denken, sondern die Potentiale, die hier sind, zum Wohle aller nutzen.

Wir haben schon seit 1995 ein Stadtteiltreffen, einen Runden Tisch, bei dem inzwischen dreißig Institutionen mitmachen. Neben den Grundschulen und weiterführenden Schulen, neben dem Seniorennetzwerk, dem Bürgerverein oder den Bürgerzentren sind dies vor allem auch Institutionen beider Kirchengemeinden, zum Beispiel das evangelische Jugendbüro, die ökumenische Familienwerkstatt, aber auch Vertreter der Gemeindegremien. Ein Projekt, an dem wir gerade gemeinsam arbeiten, ist der barrierefreie Zugang zur U-Bahn-Haltestelle. Nun kann man sich fragen: Was kümmert sich ein Schulleiter um die U-Bahn? Das kann ich Ihnen sagen: Die Rolltreppen sind manchmal kaputt und dürfen von Menschen mit Kinderwagen gar nicht mehr benutzt werden. Wir haben alle kapiert: Ein Aufzug nützt allen Familien, mit denen jeder von uns es zu tun hat. Und ich weiß als Schulleiter doch: Was die Leute hier bewegt und betrifft, betrifft uns immer als Schule mit, ganz einfach. Denn die Kinder spüren nicht nur die eigenen Probleme, sondern auch die Probleme der Eltern.

Natürlich ist unsere Kernaufgabe, den Unterricht sicherzustellen. Aber man muss sich auch um externe Sachen kümmern, die nur auf den ersten Blick nichts mit Unterricht zu tun haben, auf den zweiten Blick eben doch. Und das tun wir hier gemeinsam. Das macht nicht nur einen Schulleiter zufriedener in seiner Arbeit, sondern auch die Lehrer sind zufriedener, lockerer. Das Schulklima verändert sich ganz wesentlich und auch das Klima in einem Viertel.

Zum Beispiel wurde beim Stadtteiltreffen die Idee einer Leseinitiative geboren. Immer noch verlassen viel zu viele Kinder und Jugendliche unsere Schulen, ohne verstehend lesen und selbstbewusst sprechen zu können. Diese Mängel belasten die Betroffenen oft ein Leben lang. Seniorinnen und Senioren aus den Stadtteilen wollen durch einen Lesedienst mithelfen, diese Benachteiligung abzubauen. So kann sich ein Vertrauensverhältnis zwischen dem Kind und dem heiter gelassenen älteren Menschen aufbauen, der Zeit schenkt, nicht ungeduldig wird, nicht ausfällig wird und keine Noten vergibt. Eine solche Begegnung mit Kindern, die Unterstützung beim Lesen, Denken und Sprechen nötig haben, löst Freude aus bei Kindern und den beteiligten Senioren. Oder: Im Moment sind wir dabei, eine lokale Bildungslandschaft zu gestalten. Wir wollen, dass sich Schulen, Kindertagesstätten und auch Jugendeinrichtungen der Kirchengemeinden – insgesamt neun Einrichtungen – zusammentun und gemeinsam die Übergänge zwischen Kindergarten, Grundschule, weiterführenden Schulen und Beruf noch besser vernetzen. Sie wollen nicht nur inhaltlich zusammenarbeiten, sondern auch vorhandene Räumlichkeiten gemeinsam nutzen.

Was die Kirche davon hat, wenn sie in diesem Sinne sozialraumorientiert denkt und handelt? Ich glaube, dass das gewissermaßen der Kernauftrag von Pastoral ist: sich um die Schafe zu kümmern, ohne Ansehen und ohne Vorleistungen. Pastoral ist erst mal das, was vor Ort stattfindet. Die Kinder so wie sie sind in den Blick nehmen, sie ernst nehmen, sich an ihren Talenten erfreuen, mithelfen, dass sie ein gutes Leben haben. Sozialräumlich denken heißt kapieren, dass in einem Viertel alles mit allem zusammenhängt. Vielleicht auch gute Jugendarbeit mit einem Aufzug in der U-Bahn. Die Zeit, wo jeder alles für sich isoliert betrachten konnte, ist vorbei.«

Deutlich wird der Gedanke der Inklusion auch in der Liturgie und im Gottesdienst. Liturgie lässt die Menschen spüren, was sie verbindet mit Gott und untereinander – nicht, was sie trennt. Liturgie spricht nicht die Sprache der Abhängigkeiten. Liturgie ist keine Herrschaftssprache. Sie spricht durch Bilder, Gesten und Riten, durch Gleichnisse, Symbole, Geschichten und Musik. Sie wirbt eher um den Menschen, als dass sie belehrt. Und daher ist sie ein Ausdruck für ihre Gleichheit. Friedhelm Hengsbach stellt fest: »Die Eucharistiefeier gilt unter den Sakramenten als Mitte, Ursprung und Ziel der Glaubensgemeinschaft. Zwar wird sie als Realsymbol katholischer Einheit propagiert, ist aber angesichts der Milieu- und Klassebildung der Kirche zu einer Illusion geworden, weil bestimmte Bevölkerungsgruppen faktisch ausgeschlossen sind.« Das ist nicht nur eine Gefahr, das ist in vielen »exklusiven« Gemeinden die Wirklichkeit.

Im Dankgottesdienst der Erstkommunionkinder in HöVi war es so: Der Kirchenmusiker hatte eine Flötistin mitgebracht, die vielen Gottesdienstteilnehmern schon bekannt war, weil sie im Viertel als Sozialarbeiterin ihre Brötchen verdient. Gemeinsam spielten sie im Gottesdienst zwei Sätze aus Mozarts »Kleiner Nachtmusik« – was klassische Musik betrifft sicherlich das Populärste vom Populären. Nicht gerade kirchenmusikalische Literatur. Aber entscheidend war: Jede und jeder im Gottesdienst hat die Musik gekannt. Und jede und jeder wusste: Wenn diese Musik erklingt, ist es feierlich! Und sie erklingt jetzt – zu meiner Feier, zu meinen Ehren, zur Feier und zur Ehre meines Kindes. Man kann weiterdenken: Und damit zur Ehre Gottes. Andere mögen einfach gedacht haben: Was für eine schöne Musik! Das alles jedenfalls war in den Gesichtern der Kinder, Eltern und Angehörigen zu lesen. Es prägte den Gottesdienst, sorgte für eine werbende Tonalität. Nach der Katechese stellte der Kirchenmusiker seine Orgel so ein, dass sie von allein spielte (das geht im digitalen Zeitalter). Dann ging er durch den Kirchenraum und sang einen Schlager: »Ein Stern, der deinen Namen trägt.« Der Kniff

war, dass er das Lied durch das Orgelspiel und durch seinen Gesang neu interpretierte und damit aus dem Kitschkontext herauslöste. Was ist auch gegen den Satz zu sagen: »Einen Stern, der deinen Namen trägt, den schenke ich dir heut Nacht« – wenn man ihn mit Psalm 147 hört, wo es heißt: »Er heilt, die zerbrochenen Herzens sind, und verbindet ihre Schmerzen. Er zählt die Sterne und nennt sie mit Namen«? Das war eine Verbeugung vor der Alltagskultur der Menschen. Vor der »Freude und Hoffnung, Trauer und Angst der Menschen von heute«, die sich eben auch in diesem einfachen Lied ausdrückt. Damit war es eine Verbeugung vor den Menschen selbst. Und schon hatte der Gottesdienst die Anmutung einer Einheits-Feier. Der Kirchenmusiker sagte hinterher dazu: »Ich habe eine große Affinität zum Musical. Vielleicht ist unser Gottesdienst ein bisschen wie das Musical im Vergleich zur Oper in den Kathedralen. Alles etwas eingängiger, aber auf jeden Fall aus ganzem Herzen und aufrichtig. Es ist wichtig, dass diese Musik nicht aus der Konserve kommt, sondern durch das Live-Erlebnis etwas Einmaliges hat, das nur diese Gottesdienstteilnehmer gerade erleben – quasi *just for you*.«
Das, was die Menschen betrifft, auch die, die mir und uns zunächst fremd sind, hat bei uns seinen Platz.

7. KAPITEL

»Alles kann besser werden«
(Xavier Naidoo)

KLUGHEIT BLEIBT EINE TUGEND
Von Franz Meurer

Ein Vorschulkind kann jeden Tag dreißig neue Wörter lernen! Wenn Mutter und Vater konsequent zwei Sprachen sprechen, also zum Beispiel Englisch und Deutsch, so lernt das Kind beide Sprachen ohne besondere Anstrengung. Allerdings muss die Mutter immer Deutsch sprechen, der Vater immer Englisch.

Bis zur Einschulung bekommt ein Kind in Deutschland im Durchschnitt 1756 Stunden lang vorgelesen. Dies hört sich viel an, aber rechnen Sie einmal, wie viele Stunden das Vorlesen vor dem Einschlafen ausmacht, wie viele Stunden die Großeltern Geschichten lesen, und was im Kindergarten dazu kommt!

Leider verbringen Kinder in armen Familien viel Zeit vor dem Fernseher. Das macht eher dumm als klug. Natürlich ist gezieltes Fernsehgucken sinnvoll. Aber nach der Sesamstraße muss der Apparat für das Kind ausgeschaltet werden. Denn es braucht ja viel Zeit zum Verarbeiten des Gesehenen.

In unserer Kirche steht immer ein großer Tisch mit Büchern. Bilderbücher, Vorlesebücher, Abenteuerbücher. Nicht zum Ausleihen, sondern zum Mitnehmen. In der Pfarrbücherei, der einzigen öffentlichen Bibliothek im Wohnviertel, machen die Kinder der Kindergärten den »Büchereiführerschein«. An drei Vormittagen lernen sie, was es in einer Bücherei gibt. Außer Büchern natürlich auch Spiele und CDs.

Bei den Erstkommuniongottesdiensten sage ich den Eltern: Heute um 16 Uhr werfen wir alle die Fernseher durch das geschlossene Fenster. Durch geschlossene Fenster, damit es auch alle hören. Natürlich macht das niemand, aber die Eltern begreifen vielleicht, was ihren Kindern guttut.

In zwei unserer sechs Schulen ist es gelungen, Leseclubs der Stiftung Lesen einzurichten. Als eine Hauptschülerin für eine Geschichte einen Preis bei einem Wettbewerb gewann, war das ganze Viertel stolz.

Besonders wirksam sind die Leseomas und -opas, die in den Grundschulen in der Nachmittagszeit mit den Kindern lesen und die Bibliothek betreuen. Wie sollten die Lehrerinnen und Lehrer das auch noch schaffen?!

Im Kern geht es uns dabei um das »Lernen lernen«. Manche Kinder verlieren die Freude am Lernen, weil sie kaum Erfolge erleben. Hier helfen dann Paten, die ein einzelnes Kind fördern. Zum Beispiel begleitet eine Chefsekretärin an einem Nachmittag einen Hauptschüler mit Migrationshintergrund, der das Lernen aufgeben wollte. Jetzt ist er wissbegierig.

So etwas gibt es nicht nur bei uns in Höhenberg und Vingst: In einer Fernsehtalkshow war ein alter pensionierter Apotheker mit einer jungen Dame, die kurz vor dem Abitur stand. Einst war sie auf einer Förderschule, früher Hilfsschule genannt. Dank gezielter Förderung durch den alten Herrn denkt sie nun darüber nach, was sie studieren soll.

Im Fall des Hauptschülers türkischer Herkunft rief mich eine Freundin der alleinerziehenden Mutter an. Selbst hatte sie nicht den Mut, sich zu melden. Der Sohn ginge in die sechste Klasse, meistens schwänzte er wohl die Schule. Die Mutter habe keine Macht mehr über ihn und befürchte, dass er auf krumme Wege gerate. Die zur Unterstützung vermittelte Chefsekretärin blieb bei den ersten drei vereinbarten Treffen allein, der Junge erschien nicht. Immerhin gab es beim dritten Versuch die Mitteilung: er muss zum Arzt. Der Arzt ist in unserem Viertel oft das letzte Refugium der Mühseligen und Beladenen. Danach fluppte es. Da die Chefsekretärin selber drei Kinder hat, konnte sie mit den schwierigen Startbedingungen gut umgehen.

Dass »Lernen lernen« oft das Problem ist, kann ich meinen bürgerlichen Freunden nur schwer vermitteln. So erzähle ich ihnen am besten von meinem eigenen Lernfortschritt. Diesen verdanke ich Professor Largo.

Remo H. Largo ist ein berühmter Kinderarzt aus der Schweiz. Sein Buch »Babyjahre« wurde mehr als 500.000 Mal verkauft. »Kinderjahre« ist ein anderer Longseller von ihm. Derzeit schreibt er an einem Buch zum Thema: »Welche Schule brauchen unsere Kinder?« Largo unterscheidet drei Bereiche, die Kinder nötig haben: Geborgenheit, Zuwendung und Leistung/Bildung.

Geborgenheit bedeutet: Genug zu essen; keine Angst, weil vertraute Menschen in der Nähe sind, auch nachts.

Zuwendung heißt: Menschen geben mir das Gefühl, angenommen zu sein. Hier ist die Körpersprache sehr wichtig, aber auch zum Beispiel Vorlesen oder ein Gute-Nacht-Ritual. Die Botschaft dabei lautet: Du bist erwünscht. Du bist nicht überflüssig!

Bildung meint: Das Kind wird nicht vor dem Fernseher geparkt. Wenn es Babysprache spricht, reden die Erwachsenen nicht auch so, sondern vermitteln nach und nach die richtigen Wörter und Sätze.

Jedes Kind will lernen. Optimal ist, wenn Eltern oder Bezugspersonen die Umwelt des Kindes so gestalten, dass es selbst Erfahrungen machen kann. Fehlende Zuwendung kann nicht durch Bildung ersetzt werden! Wenn Jugendliche das Wort »Respekt« ans Jugendzentrum oder an eine Mauer sprühen, so wünschen sie sich Zuwendung! Leider werden oft Bildungsprogramme entwickelt, ohne zu bedenken, dass Lernen nur möglich ist, wenn Zuwendung erlebt wird. Goethe hat geschrieben: »Ein Kind lernt nur von dem, den es liebt.« Von ihm ist auch der konzise Satz: »Das Was bedenke, noch mehr das Wie.«
Nehmen wir das Beispiel Schulessen. In Frankreich bekommen alle Kinder in der Schule ein Mittagessen, sogar mit drei Gängen. Erst danach wird geschaut, wer es bezahlt: die Eltern, das Sozialamt, der Förderverein. Bei uns geht es umgekehrt: »Hier verzehrt, wer bezahlt!« Wenn die Eltern nicht bezahlen können oder wollen, gibt es nichts zu essen. Vielleicht geben die Köchinnen heimlich ein paar Frikadellen auch den Kindern, die Hunger haben, aber keinen Essensbon.
Gut für die Schulkultur wäre, wenn auch die Lehrerinnen und Lehrer am Mittagstisch teilnehmen würden, meinetwegen auch an einem separaten Tisch.
Das Sprichwort afrikanischen Ursprungs sagt: »*It takes a village to raise a child.*« Es braucht ein ganzes Dorf, oder ein ganzes Viertel in der Stadt, um ein Kind großzuziehen. Die Schulen brauchen die Unterstützung der Menschen in der Nachbarschaft. In unserer katholischen Grundschule gibt es einen »Schulopa«, der nachmittags für die Kinder da ist. Besonders die Jungen genießen es, wenn er mit ihnen Sachen repariert oder die Beete pflegt. Gerade für Kinder mit Migrationshintergrund ist es wunderbar, wenn eine Seniorin oder ein Senior mit ihnen übt.

Manche Politiker meinen, fehlende Bildung sei am besten durch weitere Kurse zu fördern. So klagen viele Hauptschulen, dass sie gar nicht wissen, wie sie die zunehmenden Angebote im Schulalltag unterbringen sollen. Noch ein Künstler, der eine Woche lang ein Projekt mit den Kindern durchführen soll, noch eine Theatergruppe, die mit den Schülern ein Stück aufführen will, noch eine Schriftstellerin, die ein Buch mit den Jugendlichen schreiben will ... Doch ohne die Entwicklung von Zuwendung geschieht das alles anfallsartig, ohne Nachhalt. Am besten wäre, wenn die Schulklassen nur so groß wären, dass die Lehrerinnen und Lehrer sich den jungen Menschen wirklich zuwenden könnten. In Förderschulen ist das ja der Fall.

PRAKTISCHE ZUWENDUNG

Gerade wo es arm ist, darf es nicht ärmlich sein. Armut allein ist nicht das zentrale Problem. Es gibt Familien mit vielen Kindern und wenig Geld, in denen es glänzt. Die Eltern kümmern sich, die Kinder sind im Wortsinn zufrieden. Reihenuntersuchungen über Jahrzehnte in den USA haben ergeben, dass es für ein glückliches und zugleich politisch engagiertes Leben zwei gute Voraussetzungen gibt:

- in der Kindheit eine Situation der Armut oder kleinster Verhältnisse,
- zugleich eine feste und stabile Bezugsperson über lange Zeit.

Es kommt also darauf an, dass ein Kind spürt: Wir halten zusammen!
Kürzlich erzählte mir ein Familienvater, dass seine jüngste Tochter, sieben Jahre alt, zu ihm kam und ihm ihren

größten Wunsch anvertraute:»Papa, du und Mama und meine Schwester sollen immer zusammenbleiben!« In der Schule hatte die Kleine mitbekommen, was eine Scheidung an Auswirkungen haben kann.

Natürlich gibt es auch den Fall, dass sich Eltern trennen sollten, um den Kindern eine gute Zukunft zu bieten. Entscheidend ist, ob und wie am besten Zuwendung spürbar wird.

Ein gutes Beispiel für gelungene Zuwendung ist eine Gruppe von Theaterleuten, Kabarettisten, Künstlern in Köln. Die Idee hatte der Kabarettist Jürgen Becker. Ein ganzes Jahr lang kamen ein gutes Dutzend Kunstschaffende in eine Hauptschule in Köln, einmal im Monat für einen Tag. Jeweils mit einer Klasse machten sie ein Projekt: einen Film drehen, Stadterkundungen, ein Musical, ein Boulevardtheaterstück usw. Nach dem Jahr gab es einen Aufführungstag in der Schule. Vorher waren Presse und Medien nicht informiert worden, sodass sich das Projekt in Ruhe entwickeln konnte.

Neben dem Engagement in den Schulklassen sah sich die Künstlergruppe verpflichtet, für die Schüler der Abschlussklassen nach Lehr- und Arbeitsstellen Ausschau zu halten. Das Wunder geschah, allein Jürgen Becker brachte zwölf Schülerinnen und Schüler in Lehrstellen oder Arbeit. Dabei half auch das Arbeitsamt mit Ausbildungszuschüssen oder der Ausbildung der betrieblichen Ausbilder.

Zwischen Schülern und Künstlern entstand ein guter menschlicher Kontakt. So kam die Idee auf, endlich einmal mit der Schule im Karnevalszug mitzugehen, das ist in Köln kaum zu toppen. Die Schülerinnen und Schüler konnten kaum glauben, dass die Künstlergruppe einen Anhänger mit Traktor besorgte und beim Wagenbau mithalf. Praktische Zuwendung!

Vor einigen Jahren führte die Stadt Köln ein Programm zur Erlernung der deutschen Sprache für ausländische Kinder an den Grundschulen auch in unserem Viertel durch. Nach drei Monaten sollte es plötzlich aufhören, weil die Finanzierung ausfiel. 80 Kinder in unserem Viertel hatten gerade eine erste Ahnung von der deutschen Sprache, da sollte Schluss sein. Zum Glück gab es schon den Förderverein Pro HöVi und wir konnten das Programm bis zum Ende des Schuljahres sichern.

Inzwischen setzen wir ein Denk- und Sprachförderprogramm ein, das 2007 von Professor Edeltrud Marx und Professor Karl Josef Klauer veröffentlicht wurde. »Keiner ist so schlau wie ich«, sagte ein kleiner Junge, als er die Aufgaben im Heft gelöst hatte. So fanden die beiden Autoren den Titel für ihr Programm. Derzeit wird es in unserem Viertel in neun Kindergärten, fünf Grundschulen und im Rahmen der Familienberatung eingesetzt. Und weil es so gut ankommt, den Kindern das Lernen damit Spaß macht und die Erfolge damit messbar sind, haben wir neben der deutschen Version des Heftes auch – bezuschusst durch unsere Stiftung Pro HöVi – eine türkische Version herstellen lassen und verteilen sie an die türkisch sprechenden Kinder im Viertel.

Edeltrud Marx / Karl Josef Klauer

Kimse benim kadar zeki değil I
Çocuklar için teşvik programı

Gefördert durch die gemeinnützige Stiftung Pro-HöVi

Vandenhoeck & Ruprecht

Frau Professor Marx hat in mehreren Terminen die ErzieherInnen und LehrerInnen informiert und ausgebildet. Zwei Promovenden begleiten den Einsatz bei uns wissenschaftlich. Dreizehn Bachelor-Studentinnen und -Studenten machen ihr Praktikum in diesem Programm in unseren Schulen, je für 79 Tage. Vor und nach den Übungen mit dem Heft machen die Kinder den TSF-Test (Test für schulrelevante Fähigkeiten). So lassen sich der Lernfortschritt und der Spracherwerb messen. Leider waren die Tests vor Einsatz des Programms erschreckend: es gibt sehr große Defizite! Ich wollte kaum glauben, dass viele Kinder bei der Einschulung die erste Seite des Schulungsheftes zum Programm nicht lösen können:

Was haben die alle gemeinsam?

FERN TRANSPORT

Schritt 1: Was siehst du da? Erkläre.
Schritt 2: Was haben die alle gemeinsam? (Räder) Was können die alle? (fahren)

Einziges Übungsmaterial ist ein Arbeitsheft mit sechzig Aufgaben, das im Einzel- oder Gruppentraining mit bis zu drei Kindern spielerisch durchgenommen wird. Auf diese Weise werden Sprechanlässe in soziale Kommunikation eingebettet und individuelle Lerngeschwindigkeiten berücksichtigt. Die sechzig Aufgaben können in zehn Arbeitseinheiten zu je 30 bis 45 Minuten bearbeitet werden. Oder auch in kleineren Schritten.

Der Kick ist: Die Kinder erleben oft zum ersten Mal, dass sich der Erwachsene bei dem Lernprogramm ausschließlich mit ihnen beschäftigt! Wissbegierig sind alle Kinder, es liegt am Grad der Zuwendung, ob sie den ihnen entsprechenden Lerntakt finden. Das Übungsheft fördert das induktive Denken, ein zentraler Intelligenzfaktor. Er beeinflusst fast alle kognitiven und sprachlichen Fähigkeiten. Nach Professor Klauer besteht induktives Denken im Entdecken von Regeln, und zwar durch die Feststellung der Gleichheit und/oder Verschiedenheit von Eigenschaften von Dingen, oder der Beziehungen zwischen den Dingen. Wem das zu kompliziert erscheint, dem seien hier die nur sechs Möglichkeiten induktiven Denkens aufgeführt:

1. *Gemeinsamkeiten von Merkmalen erkennen (wie in der abgebildeten ersten Aufgabe).*

2. *Unterschiede von Merkmalen erkennen.*

3. *Gemeinsamkeiten* und *Unterschiede von Merkmalen erkennen.*

4. *Gemeinsamkeiten von Relationen erkennen.*

5. *Unterschiede von Relationen erkennen.*

6. *Gemeinsamkeiten* und *Unterschiede von Relationen erkennen.*

Am Ende des Übungsheftes wird es auch für Erwachsene schwierig!

Hier zwei Beispiele zu den Möglichkeiten 5 und 6:

Lauter Tiere, sind die niedlich!

Schritt 1: Was siehst du auf den Bildern? Erkläre.
Schritt 2: Eines passt aber nicht dazu. (Zwei gleich große Dackel) Welches? Das darfst du durchstreichen.
Schritt 3: Was haben alle anderen gemeinsam? (Mutter und kind)

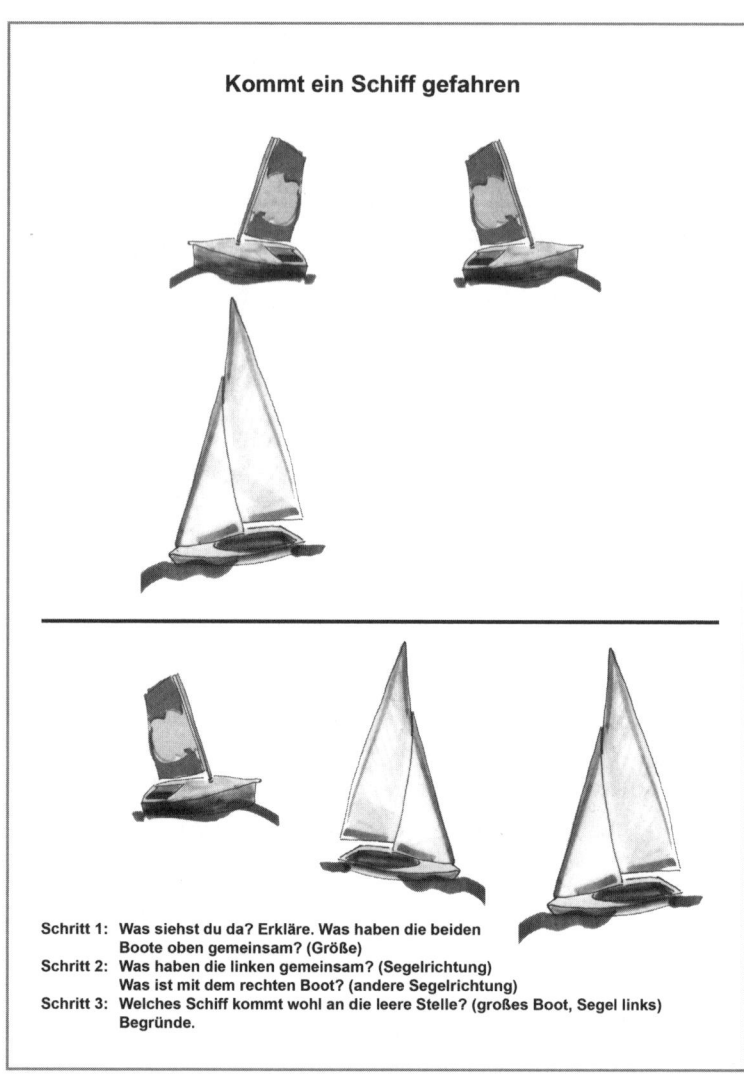

Kommt ein Schiff gefahren

Schritt 1: Was siehst du da? Erkläre. Was haben die beiden
Boote oben gemeinsam? (Größe)
Schritt 2: Was haben die linken gemeinsam? (Segelrichtung)
Was ist mit dem rechten Boot? (andere Segelrichtung)
Schritt 3: Welches Schiff kommt wohl an die leere Stelle? (großes Boot, Segel links)
Begründe.

Unser Glück war, dass wir auf Professor Edeltrud Marx und
das Denk- und Sprachtraining aufmerksam wurden, bevor
es überhaupt gedruckt war. Wir hatten schon längere Zeit
vorher Praktikanten und Dozenten von der Hochschule
gebeten, uns auf neue Ideen aufmerksam zu machen. So

geschah das Wunder, und wir konnten das Training mit als Erste einsetzen – mit optimaler Betreuung durch seine Entwickler. Inzwischen sind mehr als 2000 Hefte in unserem Viertel im Einsatz. Auch Großeltern kommen und fragen, ob sie nicht ein Heft bekommen können, um mit den Enkeln zu üben. Manche Erzieherinnen sind so fit mit dem Programm, dass sie es andernorts in den Kindergärten vorstellen. Gut 300 Kinder wurden nach dem Programm zweimal getestet. Vor dem Training erreichen sie den Wert »8 von 100« im Durchschnitt. Also sind – wieder im Durchschnitt – 92 von 100 Kindern schlauer als sie. Nach den Übungen ist der Wert »36 von 100« zwar viel besser, aber auch noch kein Knaller. Dieser Effekt hält auch beim zweiten Test drei Monate später noch an. Was am schönsten und zugleich am traurigsten ist: Im reinen Intelligenztest, also ohne speziellen Blick auf das Sprachvermögen, erreichen unsere Kinder den Wert »98 von 100«, »voll normal«. Das Problem sind also nicht die Kinder, sondern wir Erwachsene! Es liegt an uns, die Kinder gemäß dieser Intelligenz zu fördern. Möglich ist das nur durch intensive Zuwendung! Dafür wurde uns das einfache Übungsheft ein geniales Instrument. Ein Nebeneffekt des Trainings: Nach und nach wächst im Viertel das Bewusstsein dafür, dass alle irgendwie mithelfen können, die Kinder zu fördern. So wird es z. B. attraktiv, »Leseoma« im Kindergarten zu sein.

Alle neueren wissenschaftlichen Studien betonen, dass für die schulische Leistungsfähigkeit die vorschulischen Erfahrungen zentral sind. Eine Verbesserung des Schulsystems kommt also eigentlich immer zu spät.

Eine sehr harte Konsequenz zog eine Hauptschule im Ruhrgebiet. Sie formulierte als Bildungsziel die Erlangung der Fähigkeit, gut als Hartz-IV-Bezieher zu leben. Da die Chance auf Beteiligung am Arbeitsleben sowieso gering sei, sei es besser, alle Kniffe und Tricks zu lernen, um sich mit dem staatlichen Transfereinkommen über die Runden zu retten.

Ein Gymnasium in Heidelberg dagegen erfand das Schulfach »Glück«. Hier spielt auch das zuständige Ministerium mit und genehmigte ein reguläres Fach mit Noten. Inhalte sind gruppendynamische Erfahrungen, Entspannungsübungen, Theateraufführungen, gemeinsames Singen, Formulierung der Lebensziele ... Das sind annähernd die gleichen Themen, wie wir sie auch bei der Ausbildung der Leiterinnen und Leiter für unsere Kinderferienstadt HöVi-Land im Sommer haben. Denn auch die Ziele sind gleich: Stärkung des Selbstwertgefühls, kulturintensive Erfahrungen, Einblick in Gruppenprozesse, Zugang zu den eigenen Fähigkeiten und Grenzen, Erlebnis musischer und künstlerischer Dimensionen.

Dies beantwortet auch die mögliche Frage, warum wir uns denn als evangelische und katholische Kirchengemeinden, oft auch zusammen mit den Muslimen, so intensiv um Fragen der Bildung und Erziehung kümmern. Es geht im Kern um den Erwerb von Lebenswissen und praktischer Lebensklugheit. Ohne Vernunft, das betont auch Papst Benedikt XVI. immer wieder, ist religiöser Glaube nicht möglich.

Ohne Freiheit ebenso wenig. Wenn wir also meinen, dass der Glaube das Leben auf Gott hin weitet, müssen wir an den Voraussetzungen dafür arbeiten und den Menschen behilflich sein, ihre Persönlichkeit zu entwickeln. Das ist keine neue Erkenntnis, sondern ein alter Hut. Schon Thomas von Aquin, der Altmeister der Scholastik, formulierte vor 800 Jahren den Grundsatz: *Gratia supponit naturam,* die Gnade setzt die Natur voraus. Die Entfaltung der geschöpflichen Fähigkeiten der menschlichen Natur ist die Voraussetzung für ein autonomes gläubiges Leben.

In der kölschen Sprache gibt es ein geflügeltes Wort, das diese philosophischen Gedanken erdet: *Nix is esu schläch, datt et nitt vür jett joot es:* Nichts ist so schlecht, dass es nicht für etwas gut wäre. Es gibt also keine unzureichenden Voraussetzungen. Das ist ein klares Bekenntnis gegen Exklusion, gegen Ausschluss!

Lebenspraktisch sieht das so aus: Wenn die Förderschüler im Gottesdienst eine Fürbitte vorgetragen haben, erzählen sie am nächsten Tag der Lehrerin in der Schule: »Der Pastor hat wieder nicht gemerkt, dass ich nicht lesen kann.« Sie haben sich den Text einmal von der Katechetin vorlesen lassen und dann genial auswendig gelernt. Wenn das nicht lebensklug ist!

Es gibt bei uns den erfolgreichen Kleinunternehmer für Trockenbau, der Analphabet ist. Ein Architekt erledigt für ihn Buchhaltung und Schriftverkehr.

Spracherwerb geschieht durch das Erlernen von Regeln, haben wir bei den Professoren Klauer und Marx gelernt. Feste Regeln haben wir auch schon vorher intuitiv eingeführt. Zum Beispiel wird derjenige, der in unserer Kinderstadt »HöVi-Land« andere anbrüllt oder gar handgreiflich wird, sogleich »Sträfling«. Er muss in der Küche helfen. Die Frauen dort greifen dann instinktiv zum pädagogischen

Mittel der »kompensatorischen Ungleichheit«. Der Sträfling wird also ein bisschen verwöhnt, bekommt etwa ein Eis spendiert. So wird seine Strafe erträglich.

Kinder und Jugendliche brauchen Räume, Regeln und Rituale. Das Minimum an Raum ist ein eigenes Bett. Manches Kind muss auf einer Matratze auf dem Boden schlafen. So kaufen wir Betten, wenn es sie für 19,95 Euro einmal im Jahr bei Ikea gibt. Sie sind sogar transportsicher und platzsparend gut verpackt.

Kinder brauchen Räume zum Toben. Es ist also ein gutes Zeichen, wenn die Räume im Jugendheim schmutzig werden. Saubermachen müssen die Gruppen selbstverständlich selbst. Wenn sie nett zu ihm sind, hilft unser Zivildienstleistender gerne.

Rituale bringen Takt ins Leben. Für Kinder sind feste Rituale wichtig, weil sie im Alltag Geborgenheit vermitteln. Ein Gute-Nacht-Ritual, vielleicht eine Geschichte vorlesen, lässt froh einschlafen.

An vielen Stellen ist bei uns gemeinsames Singen eine ritualisierte Form der Gemeinschaft geworden. So gibt es Mottolieder für jeden Kommunionkurs und für jede Kinderferienstadt im Sommer. Letztes Jahr haben vierzehn Gruppen je ein solches Lied für eine CD aufgenommen, die wir im Viertel verschenken. Die Kinder singen nicht immer richtig, aber immer fröhlich.

Tilman Moser, der berühmte Psychoanalytiker, hat vor dreißig Jahren das Buch »Gottesvergiftung« geschrieben. Seine These war, dass der Glaube die Menschen unfrei macht und vergiftet. Er hatte die Größe, sein Urteil vor einiger Zeit zu revidieren. Seine Lebenserfahrung habe ihm gezeigt, dass man einem Kind kaum etwas Besseres antun könne, als ihm »Andächtigkeit« zu vermitteln. Dies meint natürlich nicht den Besuch von frommen Andachten sonntagnachmittags um fünf, wenn Kinder was anderes machen wollen, sondern die Grundhaltung und Erfahrung innerer Ruhe und äußerer Stille, die Fähigkeit zum Staunen, die Schärfung der Sinne und die Begegnung mit der Natur. Das Erleben des Einfachen.

Hier schwingt für mich der Grundsatz von Maria Montessori mit: Hilf mir, es selbst zu tun! Die Teilnahme am Gottesdienst ist für die Kinder eine heilsame Erfahrung. Hier sind alle gleich. Es gibt Zeiten der Stille und Zeiten der Nachdenklichkeit. Da wir einen genialen Organisten haben, ist die Musik ein heilvoller Erfahrungsraum. Wenn Kinder- oder Jugendchor singen, bekommen sie meist »Szenenapplaus«.

Am schönsten ist es, wenn die Kinder und Jugendlichen am Schluss der Schulgottesdienste einfach sitzenbleiben, als ob es weitergehen müsse. Dann improvisiert unser Organist auf der Orgel, bis endlich alle gehen.

Neben der Hinführung zur Andächtigkeit versuchen wir die Haltung der Dankbarkeit einzuüben. Manchmal ist es den Katechetinnen fast zuviel, dass die Kinder ihnen kleine Dankgeschenke überreichen. Die Lehrerinnen und Lehrer, die im Schulchor der Kinder zur Unterstützung mitsingen, bekommen von diesen Kindern eine kleine Tüte mit Plätzchen – aus Dankbarkeit für den Support. Am Ende der Kinderferienstadt im Sommer geben die Kinder und Jugendlichen den Leiterinnen und Leitern, die drei Wochen lang für sie da waren, ein kleines Geschenk und eine Sonnenblume. Sie heißt im Französischen *Tournesol,* sie dreht sich zur Sonne. Die Leiterinnen und Leiter waren für die Kinder wie die Sonne, das versteht jedes Kind.

Morgens erhalten in der Kinderferienstadt »HöVi-Land« alle Kinder, die Geburtstag haben, ein kleines Geschenk. Das ist natürlich ungerecht denen gegenüber, die nicht im

Sommer Geburtstag haben und nie drankommen. Doch das ist nicht schlimm, denn es geht um die Geste. Geburtstag ist der Tag der Dankbarkeit dafür, dass man leben und froh sein darf. Die Kinder, die nichts bekommen, freuen sich an der Freude der andern.

Marion Gräfin Dönhoff hat gesagt: »Vielleicht ist die schönste Form der Liebe, zu lieben ohne zu besitzen.« Ziemlich lebensklug.

8. KAPITEL

»So viel Spaß für wenig Geld«
(Die Prinzen)

UNENTGELTLICHKEIT MACHT REICH
Von Franz Meurer

»Hier verkehrt, wer verzehrt«, stand früher an manchem Wirtshaus angeschlagen. Heißt: Als Gast ist nur der willkommen, der kauft. Wer zum Geburtstag geladen ist, braucht nicht zu bezahlen, bringt aber ein Geschenk mit. Manchmal bringen auch die Gäste Essen und Trinken mit, wenn sie eingeladen sind. Das ist dann eine Form von Beitragsökonomie, weil die Gäste wissen, dass der Gastgeber finanziell klamm ist.

In diesen drei Beispielen gilt der Grundsatz: Zugehörigkeit durch Leistung, also Rechnung bezahlen, Geschenk mitbringen oder einen Salat oder Kuchen beitragen. Zugehörigkeit ohne Leistung kommt selten vor. Zum Beispiel bei dem italienischen Wirt, der für den Espresso doppelt kassiert, wenn der Gast einverstanden ist. Der zweite Espresso wird als Kaffeespende auf einer Tafel notiert. Ihn erhält ein Gast, der sich das Getränk nicht leisten kann.

Alle drei freuen sich: der Wirt über den doppelten Umsatz, der Beschenkte über den Espresso, und der Geber der Gabe am meisten. Sollte er ein Buddhist sein, gilt für ihn, sich besonders zu bedanken dafür, dass er etwas verschenken durfte, wächst doch dadurch sein Karma.

In unserem Viertel gilt der Grundsatz: *Alles ömesöns*. Das ist kölsche Sprache und meint: Alles unentgeltlich! Für Kinder ist immer alles ohne Bezahlung. Eine Ausnahme für Erwachsene gibt es vielleicht am Bierstand, wenn hier ein Sparschwein für freiwillige Beiträge steht, mag das durchgehen.

Bei uns, in einem armen Wohnviertel, wäre die Mehrheit ausgegrenzt, wenn sie bezahlen müsste. Wie soll eine Familie mit vier Kindern an einem Pfarrfest teilnehmen, wenn sie für Essen und Trinken und Mitspielen bezahlen soll? Das wäre dann ja wie auf einer Kirmes.

Jeden Sonntag ist nach dem Gottesdienst Begegnung und Bewirtung, wie in allen Gemeinden in den USA. Da die Arbeit ehrenamtlich geleistet wird, fallen nur Kosten für Getränke und Essen an. Das meiste wird gespendet. Zum Beispiel bekommen wir von der Kölner Nahrungsmittelmesse Anuga jedes Jahr einen Lastwagen voll mit Gebäck, Schokolade und Süßigkeiten. Vierzig Prozent aller frischen Lebensmittel werden im Handel in Deutschland nicht verkauft, sondern entsorgt. Wo das Regal nicht voll ist, kauft keiner! Wir nehmen gerne den Überfluss, der sonst weggeworfen würde.

Ganz scharf sind wir auf alle Arten von Kindersachen. Die Armut ist zumeist kindlich und alleinerziehend. Wobei es die Mütter sind, die bei ihren Kindern bleiben. Die Väter hauen leider oft ab, wenn Probleme wie Arbeitslosigkeit kommen. Bei uns sind nach einer Untersuchung des Gesundheitsamtes 58 Prozent der Kinder motorisch gestört, wenn sie eingeschult werden. Also brauchen sie Roller und Fahrräder, um sich bewegen zu lernen. Soeben brachten Pfadfinder aus Bonn vierzig Räder, gesammelt und repariert. Um das Geld für die Ersatzteile zu verdienen, haben sie den Zaun einer Botschaft gestrichen. Der Gruppenleiter hat den größten Vorteil: Er erhält den *Eagle rank,* den Adlerrang, für die Aktion!

Gratuite heißt im Französischen eine Eigenschaft Gottes. Die Bedeutung ist kaum zu übersetzen,»Unentgeltlichkeit« trifft den Wortsinn nur schwach. Der Papst beschreibt ihn im Lehrschreiben»Caritas in veritate« sehr gut:»Da die Hoffnung ein völlig unentgeltliches Geschenk Gottes ist, tritt sie als etwas Ungeschuldetes in unser Leben herein, das über jedes Gesetz der Gerechtigkeit hinausgeht. Das Geschenk übertrifft seinem Wesen nach den Verdienst, sein Gesetz ist das Übermaß. Es kommt uns in unserer Seele zuvor als Zeichen der Gegenwart Gottes in uns und seiner Erwartung an uns.«

Also erwartet Gott, dass wir weiterschenken und großzügig sind. Hierbei ist das Geld als Tauschmittel unverzichtbar, aber nicht das Maß aller Dinge.

Professor Paul Kirchhof schreibt:»Man schätzt, dass in Deutschland jährlich etwa sechzig Milliarden Stunden Erwerbsarbeit und etwa hundert Milliarden Stunden Familien- und ehrenamtliche Arbeit geleistet werden.« Das meiste geschieht unentgeltlich!

GNADE UND LEBENSHILFE: ALLES UMSONST

Als die Enzyklika»Caritas in veritate« Mitte 2009 erschien, waren die Menschen in unserem Viertel stolz. Brachte doch der Papst einen Grundsatz in den Blick, der bei uns sehr wichtig ist: die Unentgeltlichkeit! Der Papst schreibt, »dass eine wirtschaftliche, gesellschaftliche und politische Entwicklung, die wahrhaft menschlich sein will, dem Prinzip der Unentgeltlichkeit als Ausdruck der Brüderlichkeit Raum geben muss.«

Die Weitergabe der geschenkten Dinge geschieht ehrenamtlich. Jeden Morgen trifft sich werktags in den sozialen Räumen unter der Kirche ein Frauenteam. Nach gemütlichem Frühstück empfangen sie Menschen in Notlagen, oft alleinerziehende Frauen. Da sie die Not aus eigener Anschauung kennen, sind die Damen des Frauenteams die besten Fachleute. Mit der Weitergabe von Kleidung, Kinderwagen und Fahrrädchen verbinden sich Gespräch und Beratung, oft auch Trost bei Kaffee und Brötchen. Bei speziellen Problemen wie Entschuldung oder Stromsperre wissen die Damen den richtigen Kontakt herzustellen. Man kann einen festen Termin für den Besuch buchen, aber auch spontan an jedem Werktagmorgen kommen.

Die Frauen kommen auf Ideen, die der Lebenspraxis entspringen. Wenn es bei ALDI einmal im Jahr Einräder gibt, kaufen sie dreißig. Denn für Mädchen von zwölf oder dreizehn Jahren sei ein Einrad der Clou! Körpergefühl und Bewegungsfreude pur. Oder: Wir haben einen Raum mit Schulsachen eingerichtet. Arme Familien, die von Hartz IV leben, können sich kaum vernünftige Stifte, Hefte, Zirkel oder gar die teuren Schulranzen leisten. Hier finden sich noch gute, wenn auch gebrauchte Artikel, aber wir haben auch von einer gut gelaunten Firma 300 Schulranzen zu einem Zehntel des Normalpreises kaufen können, bei Abholung direkt in der Fabrik. Zum Glück bekommen wir auch von Handelsfirmen Überschuss- und Musterware. Oder Angestaubtes. Wenn das Einhorn auf dem Schulranzen der modischen »Prinzessin Lillifee« weichen muss, geben auch die Geschäfte die veraltete Ware gerne für ganz kleines Geld ab oder verschenken sie gar.

Auf Lager steht bei uns sogar ein Drillingswagen, neu ist der sündhaft teuer. Mal sehen, wann er gebraucht wird. Viele Familien, denen es gut geht, freuen sich geradezu, wenn sie ihre gebrauchten Kindersachen bringen können. Die Kinder wachsen heraus, aber die Sachen sind noch top. Warum sollten die auf den Müll? In anderen Ländern wie Großbritannien oder den USA ist der Secondhand-Verkauf Normalität. Braucht man etwas nicht mehr, stellt man ein Schild in den Vorgarten neben die angebotenen Sachen: *For sale.* Kommen arme Menschen vorbei, verschenkt man es auch gerne. Die Hilfsorganisation Oxfam hat in England daraus eine ganze Secondhand-Ladenkette gemacht. Inzwischen gibt es auch Ableger in Deutschland. Vom Erlös werden zum Beispiel Schulen in Afrika unterstützt. In England gibt es das schöne Wort *Car-boot-sale,* Verkauf aus dem Kofferraum. Viele Schulen und Kindergärten veranstalten Gebrauchtwarenmärkte. Die Menschen bringen in ihren Autos, was sie nicht mehr benötigen. Ein Teil des Erlöses geht an Schule oder Kindergarten.

Nach der »Sprechstunde« für Menschen in Notlagen jeden Werktag macht das Frauenteam gegen Mittag den Brunch für unsere Ein-Euro-Jobber fertig. Die Männer und Frauen, die von Hartz IV leben, haben schon seit acht Uhr im Viertel gearbeitet, Wiesen gemäht, Beete gepflegt oder Begrenzungsgitter freundlich neu gestrichen. Alles Arbeiten im öffentlichen Raum, die sonst einfach nicht ausgeführt würden. Auch dem Spielplatzteam der Stadt hilft das Team bei Arbeiten, die die Stadt alleine nicht schaffen kann. Nun stärken sich die Mitglieder des »HöVi-Teams«, wie sie sich nennen, bei den Frauen unter der Kirche, um dann mit neuer Kraft gegen die Verwahrlosung im öffentlichen Raum zu arbeiten.

Viele der Ein-Euro-Jobber bleiben ehrenamtlich in der Arbeitskolonne, wenn nach einem halben Jahr ihre geförderte Maßnahme zu Ende geht. Sie haben Freude an der täglichen Arbeit gefunden und gehören sozusagen zum

Club. Natürlich haben sie auch einen Vorteil daraus. Sie kennen jetzt mehr Leute, die ihnen zur Seite stehen. Beim Betriebsausflug sind sie natürlich dabei. Wenn sie ein Auto brauchen, steht eins zur Verfügung. Und wenn die Waschmaschine kaputt ist, findet sich eine gebrauchte. Letztes Jahr hatte ich das Adventsessen mit diesen Mitarbeitern vergessen. Wir hatten einen Ausflug im Herbst nach Wuppertal unternommen. So sagte mir wohl mein Unbewusstes: Das reicht. Zum Glück meldete sich unser »HöVi-Team«. Also sind wir Anfang Januar in ein Brauhaus. Gut war, dass auch der Wunsch geäußert wurde: Nicht wieder zum Chinesen!

Herr Z. hat mit vierzehn Jahren die Schreinerlehre begonnen, mit 17 war er Geselle. Dann hat er gearbeitet, bis er 55 war, hat unser Land mit aufgebaut. Jetzt ist er zu alt für die Firma, also arbeitslos, dann kam Hartz IV. Er ist nun bei uns als Ein-Euro-Jobber. Als seine Frau in eine Reha muss, 19 Kilometer entfernt, geht er sie zu Fuß besuchen, hin und zurück 38 Kilometer! Niemals würde er schwarz mit der Bahn fahren.

Zum Glück haben wir das herausbekommen, was gar nicht so leicht war. Denn er hat ja seinen Stolz. Nun kann er jederzeit ein Auto haben, auch für den Besuch der Tochter oder für einen Ausflug. So wie er sieht für mich ein »Held der Arbeit« aus, auch wenn ihn die Gesellschaft scheinbar nicht mehr braucht.

Dienstags organisiert ein anderes ehrenamtliches Team eine Lebensmittelausgabe unter der Kirche. Eine Brotfabrik in der Nähe spendiert einige Hundert frische Brote, die »Tafel« bringt viele Sachen, einzelne Spender haben bei Bauern Gemüse besorgt oder selber Marmelade eingekocht. Natürlich wäre es besser, wenn es diese Hilfen nicht geben müsste. Aber die Menschen, gut 400 jeden Dienstag, sagen: Bitte hört damit nicht auf, es gibt uns Luft in unserm Budget. Einzelnen Familien, die sich schämen, bringen wir auch Kartons mit Lebensmitteln nach Hause.

Mittwochs ist der Tag der Kleiderkammer für Erwachsene. Die Kinder werden ja vom täglichen Frauenteam versorgt. Im Team für Erwachsene sind 24 Frauen in vier Gruppen, die sich abwechseln. Sie nehmen eine kleine Schutzgebühr von 50 Cent bis 2 Euro für jedes Kleidungsstück, weil sie sagen: Sonst verkaufen es manche auf dem Markt weiter. Mir gefällt diese kleine Einschränkung der Unentgeltlichkeit nicht. Aber zum einen ist es vernünftig, zum andern bestimmt bei uns jedes Team seine Bedingungen selbst. Wir sind organisiert wie viele große Firmen: jede Abteilung ist ein eigenes *Profit-Center,* das Budget ist die ehrenamtliche Arbeit.

Verschenken macht reich, das haben wir mit unserem einzigen Grundstück erlebt. Es war vor Jahrzehnten bereitgestellt worden für eine weitere Kirche, die zum Glück nicht gebaut wurde. Wir haben ja mit zwei Kirchen eigentlich schon eine zuviel, zumal sie nur 800 Meter auseinander liegen. Auf dem Grundstück waren ein kleiner Schrottplatz und drei Kleingärten. Pacht kam kaum ein, und wir sorgten uns wegen des Schrottplatzes um die Umwelt. Hinzu kam, dass wir gerne einen integrierten Kindergarten in unserem Viertel wollten, der auch behinderte Kinder aufnimmt. Selber konnten wir ihn nicht bauen.

So wandten wir uns an die Wohnungsbaugesellschaft der Stadt: Wir schenken Euch das Grundstück, wenn Ihr auf den 2.500 Quadratmetern einen integrierten Kindergarten baut, möglichst viele familienfreundliche Wohnungen, und – der Kick! – wir, die Kirchengemeinde, bekommen im Keller einen Raum von 40 Quadratmetern, mit WC und kleiner Küche, und zwar ohne alle Kosten auf Dauer, mit einseitigem Vertrag, den wir täglich kündigen können, der aber die Wohnungsgesellschaft auf Ewigkeit bindet. Tatsächlich, es hat geklappt.

Den Kellerraum haben wir sogleich der Spielplatzinitiative zur Verfügung gestellt, die dem neuen Gebäude gegenüber seit dreißig Jahren einen selbstgebauten Spielplatz betreibt, mit mehr als 500 Mitgliedern aus mehr als zwanzig Herkunftsländern. Nun haben die Kinder bei Regen oder im Winter ein Dach über dem Kopf. Abends treffen sich die Erwachsenen zum Spielen oder Basteln. Und wir haben einen deutlichen Vorteil durch die Nähgruppe, zu der sich dort Frauen treffen. Ist an den Messgewändern etwas beschädigt, dürfen wir sie gerne bringen. Früher kümmerte sich darum eine Paramentengruppe frommer Frauen (Paramente heißen die Gewänder, die von Priestern und Messdienern zum Gottesdienst angelegt werden), nun macht es die Spielplatzinitiative, unentgeltlich natürlich.

WAS KOSTET GOTTES MENSCHENFREUNDLICHKEIT?

Vor Kurzem hielt ich eine Predigt in einer ländlichen Pfarrei, in der anlässlich der Zusammenlegung mehrerer Gemeinden eine Predigtreihe angeboten wurde. Ich hatte Bücher und Broschüren mitgebracht, die ich zur Mitnahme am Kirchenportal auf einem Tisch auslegte. Die Leute waren neugierig und fragten: Was kostet das? Ich sagte: Kein Geld, *ömesöns!* Die erste schnelle Antwort darauf war: Bei der Kirche ist nichts umsonst!

Wir kamen ins Gespräch, und ich erfuhr, was die Menschen am meisten ärgert. Auf dem Formular zur Bestellung von Gebetsbitten in der Heiligen Messe, das vielfach in der Kirche auslag, stand: »Eine Gebetsbitte in der Heiligen

Messe kostet nichts. Üblich ist bei uns eine Spende von fünf Euro.« Auf dem Blatt kann man gleich in sieben Spalten »Messen bestellen«. Ohne die widersprüchliche Aussage mit der moralisch verstandenen Einschränkung der Unentgeltlichkeit würde sich wohl niemand ärgern; im Gegenteil, verbunden mit der Gebetsbitte würde wahrscheinlich mancher mit frohem Herzen eine erkleckliche Summe für die Caritas spenden.

»Bei der Kirche ist nichts umsonst«, dies rührt an den Kern. Bei Jesus ist eben alles geschenkt. Der heilige Paulus bringt es auf den Punkt: Gott kommt uns mit seiner Gnade zuvor. Er schenkt, bevor wir es wünschen.

Unser Pfarrgemeinderat bietet unter dem Motto »HöVi auf KulTour« Besichtigungen und Tagesfahrten an. Auch die Tagesfahrten sind unentgeltlich, zum Beispiel zu historischen Kirchen an der Ahr mit Weinprobe am Nachmittag. Auch wer will, kann nichts bezahlen. Denn das Prinzip der Unentgeltlichkeit sorgt für Gleichheit, mit einem Vorteil für die kleinen Leute. Für sie ist es nicht selten der einzige Ausflug in langer Zeit. Natürlich ist auch die Weinprobe *gratuit*.

In einem reichen Land gibt es Wohltäter, die sich an der Freude der Teilnehmer freuen und gerne die ganze Tour finanzieren. Auch für den Busfahrer darf nicht gesammelt werden. Er bekommt ein schönes Trinkgeld zu Beginn der Fahrt vom Reiseleiter. (Nebenbei: Trinkgeld sollte man immer am Anfang geben, damit man etwas davon hat.)

Die Unentgeltlichkeit gibt den Ehrenamtlichen Macht. Sie verkaufen nicht ihre Arbeit, sondern verschenken sie, wann und an wen sie wollen. Sie machen es also für Gotteslohn. Jede und jeder Engagierte hat die nötigen Schlüssel und Zugang zu Ressourcen wie Geld oder Fahrzeugen. Auch die Messdienerinnen und Messdiener der Leiterrunde haben eigene Kirchenschlüssel. Sie könnten also in der Sakristei übernachten, wenn sie Zoff zu Hause haben, aber das tun sie nur in Gruppen. Einmal im Jahr campieren sie auch auf dem Flachdach der Kirche. Beim letzten Mal holte sie der Regen runter.

Die Reinigung von Kirchen, Pfarrsaal und Pfarrheim übernimmt ein ehrenamtliches Team an Samstagen, 32 Personen stark, mehr Frauen als Männer. Beim letzten Putzsamstag kamen ungefragt acht Damen eines Frauenchors dazu, der bei uns probt. Sie sagten:»Wir machen doch auch Dreck, also putzen wir auch!« Was will man mehr. Zweimal im Jahr singt der Chor auch im Gottesdienst und einmal gibt er ein Konzert.

Ein Handwerker im»Ruhestand«, der ehrenamtlich in der Gemeindewerkstatt unter der Kirche arbeitet, begründete sein Engagement im Gespräch mit dem Pastor so:»Ich mache hier so viel, weil Sie auch so viel ehrenamtlich machen.« Das ist zwar unlogisch, trifft aber des Pudels Kern. Wer bei uns hauptamtlich arbeitet, muss mit anpacken und sich die Hände schmutzig machen, sonst hat er schlechte Karten. Dirigieren und delegieren ist nicht angesagt. Auch die Mitglieder von Kirchenvorstand und Pfarrgemeinderat packen mit an. Die einen hängen im Advent 130 Weihnachtssterne an die Straßenlaternen, andere stellen 40 Weihnachtsbäume in den Straßen auf. Der Pfarrgemeinderatsvorsitzende putzt und betreut in einem kleinen Team die Kirchenbänke, die sich oft verschieben. Mitglieder des Pfarrgemeinderates versehen sonntags den Küsterdienst. Wieder andere kümmern sich um Kindergarten oder Archiv.

Manchmal ärgert der Pastor das Putzteam, wenn er sagt: Am Samstag bin ich nicht dabei, ich mache einen Einkehrtag mit der Frauengemeinschaft. Was natürlich akzeptiert wird, aber auch einen Beigeschmack hat.

Der ganze Betrieb braucht selbstverständlich auch Geld. Allerdings fallen ja keine Personalkosten an, die oft den Löwenanteil ausmachen. Die Ausgaben für die Aktivitäten mit Kindern und Jugendlichen und die Hilfen für Menschen in Not tragen Wohltäterinnen und Wohltäter. Wer etwas spenden will, soll allerdings vorher Gemeinde und Viertel kennenlernen. Wir laden ihn zum Sonntagsgottesdienst ein, danach zeigen wir ihm die Sozialräume unter der Kirche. Wir schlagen ihm vor, im Sommer unsere Kinderferienstadt »HöVi-Land« zu besuchen. Wer sich überzeugt hat, dass sein Geld gut angelegt ist, ist als Spender willkommen.

Eine ökumenische Stiftung haben wir für die gegründet, die nachhaltig und dauerhaft helfen wollen. Von der Stiftung lebt zum Beispiel unsere »Familienwerkstatt«, die das Programm einer kleinen Familienbildungsstätte weitgehend ehrenamtlich gestaltet. Honorarkräfte gibt es nur bei einigen Kursen.

Die Lebensmittel, die zur Bewirtung nötig sind, werden zumeist gespendet. Es ist erstaunlich, welchen Überfluss es gibt. Zum Glück haben wir ein kleines Kühlhaus und einen sehr großen Gefrierschrank, sodass wir nicht alles schnell aufessen müssen.

Mancherorts fahren die Geistlichen mit dem Taxi zur Beerdigung auf den Friedhof. Das Bestattungsunternehmen bezahlt und stellt die Kosten den Angehörigen in Rechnung. Das ist bei uns nicht drin. Wenn die kleinen Leute neben den anderen hohen Kosten für eine Bestattung auf der Rechung entdecken, dass der Pastor sich chauffieren ließ, reagieren sie sauer. Hat der denn kein Auto? Warum ist die Rechnung so hoch (das Taxi wartet für die Rückfahrt)? Wer Kirchensteuern zahlt, möchte wenigstens bei der Beerdigung einen guten Service.

Wir handeln nach der Devise: Unser Produkt ist Service, also Dienst. Einen in Deutschland einmaligen Service bietet die Kölner Friedhofsgärtnergenossenschaft allen Angehörigen von Verstorbenen. Das Friedhofsmobil fährt, nach telefonischer Anmeldung, unentgeltlich zum Friedhof. Meist sind es ältere Damen, die den Dienst in Anspruch nehmen. Der freundliche Fahrer hat Zeit. Gerne gießt er die Blumen auf dem Grab oder pflanzt ein paar neue. Viele, die mitfahren, können sich ein Taxi nicht leisten. Andere schätzen die Sicherheit und die freundliche Atmosphäre. Das Friedhofsmobil ist immer ausgebucht. Die Finanzierung geschieht über Spenden und durch das Engagement der Genossenschaft.

Einmal im Jahr arbeiten wir mit der Friedhofsgärtnergenossenschaft beim Tag des Friedhofs zusammen. Dann ist einer der Kölner Friedhöfe an einem Sonntag offen für »Kind und Kegel«. Steinmetze und Gärtner zeigen ihre Arbeit, moderne Särge werden ausgestellt. Die Kinder spielen an unserem Spielmobil oder fahren mit einem Lift zwanzig Meter hoch, um über den Baumwipfeln die ökologische Nische Friedhof zu betrachten. Die Bewirtung übernehmen Ehrenamtliche aus unserem Viertel, alle Speisen und Getränke gibt es unentgeltlich, damit auch kinderreiche Familien teilnehmen können. Wer will, kann am Bierstand etwas ins Sparschwein tun. Der Tag ist ein Ausdruck der Friedhofskultur: Sterben gehört zum Leben, der Friedhof ist kein tabuisierter Ort.

Wer den Kapitalismus erhalten will, muss Kindern, vor allem Jugendlichen, Taschengeld geben, damit sie lernen, mit Geld umzugehen. In armen Familien gibt es kein geregeltes Taschengeld, sondern vielleicht anfallsartig etwas. Deshalb haben wir die Taschengeldpatenschaften erfunden. Eine Spenderin oder ein Spender gibt die monatliche Summe, etwa zwanzig Euro für eine Dreizehnjährige, an unsere »Patentante«. Als ehemalige Schulleiterin weiß sie mit den jungen Menschen umzugehen, die das monatliche Taschengeld erhalten. Ihr müssen die Jugendlichen berichten, was sie mit dem Geld machen, auch wenn sie frei darüber verfügen können. Bedingung ist, dass sie es nicht der Mutter geben oder ihr leihen (der Vater ist meist nicht mehr in der Familie). Ab und zu erhalten die Spenderin oder der Spender eine Information, aber anonym, zum Beispiel einen Brief, in dem der junge Mensch berichtet, was er mit dem Geld macht. So schreibt ein Mädchen: Ich mache jetzt Kick-Boxen, das Taschengeld spare ich dreimal, damit ich mir einen neuen Kampfanzug kaufen kann. Die Patentante muss nun nur noch der Spenderin, in dem Fall eine Buchhändlerin, erklären, dass der neue Sport kein Anlass zur Sorge ist. Hier wird keine Einzelkämpferin ausgebildet, das Box-Training verhilft vielmehr zu Selbstbewusstsein und Körpergefühl.

Neben den Taschengeld-Patenschaften gibt es auch andere Bezieher, zum Beispiel für alte Menschen, die von einer sehr kleinen Rente leben müssen. Oder für alleinerziehende Mütter mit kleinen Kindern. Hier erhält der Spender als Information und zum Dank auf anonymem Weg ein Foto des Kleinkindes oder ein Bild, vom Kind gemalt, oder einen kleinen Bericht der Mutter über die Wirkung der Patenschaft.

Spenderinnen oder Spender für Patenschaften zu finden, ist kein Problem. Schwierig ist es, eine »Patentante« zu finden, die sie vermittelt und moderiert. Sie wird natürlich auch zum Kummerkasten vieler Spender! Männer sind dafür kaum geeignet, eher lebenskluge Frauen. Sehr bedeutende unentgeltliche Leistungen erbringen die Hauptamtlichen, die sich in ihrem Job stark engagieren. Ohne *burning persons* ist gerade eine gedeihliche Zusammenarbeit mit vielen Ehrenamtlichen unmöglich. Bei uns ist die evangelische Jugendleiterin eine solche Person. Viele Katholiken sagen: Die ist unser Kaplan! Wir haben ja keinen mehr. Konsequenterweise wohnt sie auch mit Ehemann und vier Kindern in der Kaplanei, die genügend Raum bietet. *Alles ömesöns.*

9. KAPITEL

»Machs gut, machs besser!«

(Rio Reiser)

MACHT GEHÖRT ZUM GLÜCK GETEILT

Von Peter Otten

»Suuuuper! Ist das genial!« Mit einem spitzen Schrei erhebt sich Ramona in die Lüfte. An einem dicken Kletterseil hat Tobias von der Firma »Insight out« ihren Klettergurt eingehängt, ihr einen neongelben Helm aufgesetzt – und schon ist sie ein »fliegendes Eichhörnchen«. So heißt der Parcours, den der Erlebnispädagoge mit seinen Kollegen mitten im Eifelwald aufgebaut hat. Und mancher Leiter von »HöVi-Land«, der großen Kindersommerfreizeit mitten in Höhenberg/Vingst, fragt sich, wie um Himmels Willen sie das Seil gut 15 Meter über dem Weg an einem starken Ast befestigt haben. Keine Leiter weit und breit. Es bleibt bis zum Schluss ihr Betriebsgeheimnis. Und so fliegen die jungen Eichhörnchen: Während Ramona in ihrem Klettergurt den Weg hinab läuft, rennen die anderen aus ihrer Gruppe den Weg hinauf und nehmen das andere Ende des Seils mit. Irgendwann verlieren Ramonas Füße den Bodenkontakt, sie steigt in die Lüfte. Dort oben schwingt sie dann, so lange die anderen aus der Gruppe sie halten wollen oder können. Nach ihr kommen die anderen dran. Einer nach dem anderen verwandelt sich in ein fliegendes Eichhörnchen und lässt sich von den Mitgliedern seiner Gruppe durch die Lüfte ziehen. Mal mit mehr, mal mit weniger Gejohle. Im Spiel klingen die großen Themen an: Vertrauen, das genossen, aber auch missbraucht werden kann. Macht, die eine Gruppe über ein einzelnes Mitglied bekommt und vernünftig gebrauchen lernen muss. Eine Gruppe von Individuen, die sich auf eine gemeinsame Strategie einigen muss. Spannend ist es für alle, und fast jede und jeder will mal fliegen – das beansprucht viel Zeit. Zum Glück ist 100 Meter weiter im Wald noch ein zweites Angebot aufgebaut: eine riesige Schaukel hängt zwischen dicken Bäumen. Hier können sich die Jugendlichen, sobald sie sich draufgesetzt haben und im Klettergurt gesichert sind, selbst in Schwingung versetzen, indem sie sich an einem anderen Seil hochziehen und den Abflugwinkel der Schaukel selbst bestimmen. Mancher wählt eine sachte Höhe, andere wagen sich bis zum Maximalpunkt. Was traue ich mir zu? Anschließend wird geredet, die Jugendlichen stehen im Kreis und erzählen, wie es ihnen ergangen ist. Aus den gesammelten Erfahrungen werden nun die Prinzipien einer stabilen Gruppengrammatik abgeleitet: Grundsätze akzeptiert jeder, wenn sie durch individuelle Erfahrungen verstanden und untermauert sind. Das Ergebnis von HöVi-Land ist neben viel Ferienspaß nicht unerheblich. Die Kirchen versuchen, dadurch – wie ein Sauerteig – das Klima im Viertel mitzuprägen, zu stabilisieren und da, wo es geht, zu verbessern. HöVi-Land ist auch eine Art Labor für die Härten des Alltags. Und ein Symbol dafür, dass das Ziel einer Kirchengemeinde stets die Sorge um die Nachhaltigkeit ihres Tuns sein muss. Damit eingeübte Solidarität und Subsidiarität, Achtsamkeit und Miteinander auch außerhalb der Ferien und des kirchlichen Raums Großes schaffen können.

Die Kirchengemeinden haben in den Stadtteilen einen Prozess der gegenseitigen Verantwortung angestoßen, der dem

Subsidiaritätsprinzip der christlichen Soziallehre folgt: Problembewältigungen und daraus folgende konstitutive Entwicklungsschritte werden auf den unteren Ebenen, da wo sie auftreten, in Angriff genommen, bei der Familie, der Nachbarschaft, der Kirchengemeinde, dem Stadtviertel, und wenn es möglich ist, auch da mit eigener Kompetenz gelöst. In der alljährlichen Ferienveranstaltung HöVi-Land sind vielleicht am augenfälligsten die Prinzipien eines von fairen Umgangsregeln geprägten Zusammenlebens zu studieren. Was die Kinder, die sie begleitenden Jugendlichen und die im Hintergrund werkelnden Erwachsenen in den Ferien spielerisch-leicht ausprobieren, muss über die Ferien hinaus in den Alltag hinein wirken und sich da bewähren. Der sprichwörtliche Eifelregen prasselt seit zwei Stunden, und in manchen Kragen ist das Wasser schon hinein geströmt. Viele Schuhe sehen aus, als seien ihre Besitzer schon meilenweit gelaufen. In der Tat wird von den jungen Menschen einiges abverlangt. Teamgeist ist gefragt, Durchhaltevermögen und Belastbarkeit, Stressresistenz und Zusammenarbeit. Mancher junge Mensch geht an diesem Wochenende an seine Grenzen. Das ist wichtig: Er soll nicht vorgegaukelt bekommen, die Gruppenleiteraufgabe im HöVi-Land sei locker, nebenbei und im Handumdrehen zu absolvieren. Vielmehr sollen junge Menschen dazu ermächtigt werden, als verantwortliche Pädagogen zu arbeiten. Sie haben ein Recht darauf, gut vorbereitet zu werden. Das geschieht in der Leiterschulung, die in jedem Jahr mit einem gemeinsamen Wochenende beginnt. Bewährt hat sich die Methode, dass die Jugendlichen in Gruppen die Seminarinhalte unter Anleitung selbst erarbeiten und sie anschließend den anderen in einer selbst gewählten Präsentation vorstellen. So wählt eine Gruppe beispielsweise die Form einer Pressekonferenz, um die anderen Leiter über »Rechtliche Aspekte des Leitens« zu informieren. Andere zeigen in einer kleinen Theaterszene, wie sie Störungen und Konflikte in einer Gruppe lösen wollen. Im HöVi-Land sind jährlich etwa achtzig Jugendliche als Leiter aktiv. Keineswegs sind das nur bürgerliche Jugendliche, sie kommen aus allen Schichten im Viertel. Viele sind in instabilen Familien groß geworden, haben selten Förderung erfahren, verfügen über wenig Selbstvertrauen und bringen wenig pädagogische Erfahrung mit. Fragt man sie nach den Gründen, warum sie mitmachen wollen, können sie die oft nur schwer benennen. Es macht Spaß, sagen sie dann. Und: Die Gemeinschaft ist schön. Im Laufe der Vorbereitung scheint es sehr bald so, als sei die Gruppe tatsächlich schon lange zusammen. Vor allem: Die Sehnsucht, als Leiterin oder Leiter im HöVi-Land mitzuarbeiten, ist auch ohne Worte immens spürbar. So erleben die jungen Menschen im Laufe ihrer Leiterkarriere sachte und behutsam, wie sie von Jahr zu Jahr ein wenig mehr zu einer guten Autorität reifen.

Das geht so: Nachdem sie als Kinder viele Jahre einfach Teilnehmer waren, warten sie, je älter sie werden, immer sehnsüchtiger darauf, dass sie es ihren eigenen Leitern nachtun können. Möglich ist das ab dem Alter von 15 Jahren. Dann wechseln sie als Schnupperleiter wie ein Praktikant probeweise auf die Seite der Leiter. Sie kommen in ein Team erfahrener Leiter, die sie als Mentoren durch die Schulungen und später in der Gruppe begleiten. Die Neuen helfen bereits dabei, die 550 Kinder zu sinnvollen Gruppen aufzuteilen, als langjährige Teilnehmer verfügen sie über wertvolle Erfahrungen. Ihnen wird klar, dass sie nicht nur »Lieblingskinder« um sich scharen können, sondern dass in einer HöVi-Gruppe Starke mit Schwachen, Fitte mit Langsameren und Laute mit Leisen zusammenkommen, alle sollen die Chance haben, voneinander zu lernen. Die Neuen helfen auch mit, ein Regelwerk festzulegen, das für alle Gruppen gelten soll. Sie lernen, mit den Kindern gemeinsam ein ausgewogenes Gruppenprogramm zusammenzustellen und nicht nur eigene Interessen zu verfolgen. Sie verstehen, dass sie sich Rat einholen können: bei älteren Leitern, bei erwachsenen Mitarbeitern, beim Orga-Team, also den hauptamtlichen Mitarbeitern, die die Gesamtverantwortung tragen.

Im Jahr darauf steigt die Verantwortung der jungen Leiter. Das Schnuppern ist vorbei. Mit sechzehn Jahren werden sie reguläre Leiterinnen und Leiter. Vielleicht haben sie nun selbst einen Schnupperleiter in ihrer Gruppe. Sie müssen selbst entscheiden, welche Erfahrungen und Ratschläge sie ihm mitgeben, ob und wie sie ihn bei Gruppenprozessen beteiligen oder ausschließen. Bei Konflikten sind sie nun zunehmend selber mit der Schlichtung betraut. Sie können nun selber Einfluss auf die Inhalte der Schulungen nehmen.

Mit etwa 18 Jahren können Jugendliche »Kontinentleiter« werden. Sie sind dann zwar noch Leiter einer eigenen Gruppe, haben aber zusätzlich die Verantwortung für alle Leiterinnen und Leiter von Kindern eines bestimmten Teilbereichs im HöVi-Land, eines sogenannten Alterskontinents. Sie werden zu Referenten von Schulungselementen. Sie sind verantwortlich für die Zusammenstellung der Leiterteams. Sie sind auch bei den Elterngesprächen im Vorfeld der Maßnahme dabei. Sie vertreten HöVi-Land bei Außenkontakten, bei Spendern und Sponsoren, gegenüber Öffentlichkeit und Presse.

STRATEGIEN DER TEILHABE AN MACHT

In unserer Gesellschaft ist es eher ungewöhnlich, dass Heranwachsende frühzeitig in Verantwortung kommen. Vor allem nicht jene, denen man auf den ersten Blick kein Verantwortungsgefühl zutraut. In HöVi-Land ist das anders: Mit den Jugendlichen wird ein Prozess in Gang gesetzt, der sie durch ihr Leben tragen soll. Es bedeutet für sie einen großen Schritt in ein verantwortliches Leben, wenn sie früh lernen, für den Frieden in einer Gruppe von zwanzig Kindern geradestehen zu müssen, in deren Gesichtern sie immer auch noch sich selbst entdecken.

Der Soziologe Heinz Bude stellt in seinem Buch »Die Ausgeschlossenen« fest, dass in unserer Gesellschaft – und dort vor allem in der nachwachsenden Generation – die Zahl derer anwächst, die sich überflüssig fühlen, weil sie ökonomisch oder bildungsmäßig verdrängt oder abgehängt werden. Was ist gegen diesen Trend zu tun? Er schlägt vor: »Es braucht vielmehr Strategien der Einbeziehung, die genau an den Strategien der Selbstachtung dieser verlorenen Jugendlichen ansetzen. In den vom Subsidiaritätskonzept aufgerufenen ›kleinen Lebenskreisen‹ entscheidet sich das Schicksal dieser Heranwachsenden. Dabei ist ein gewisses ›charismatisches Quantum‹ der lebensweltlichen Mentoren unabdingbar. Es bedarf der glaubhaften Verkörperung einer Alternative, die diesen in Abweichungsspiralen sich verfangenden Jugendlichen einen Sinn von Größe zu vermitteln vermögen.«

Im Prinzip hat er damit auch die Grundgrammatik des Lebensortes Kirche, angewandt in einer sozialräumlich orientierten Gemeinde, exakt beschrieben: Autorität ist dort nicht Durchsetzungsmacht, sondern Ermöglichungsmacht. Der Begriff Autorität kommt vom lateinischen *augere,* was soviel heißt wie fördern, stärken, mehren, wachsen lassen. Und die Kirchengemeinden in ökumenischer Einheit bilden den realen und im Umfeld integrierten Lebensort, an dem Ermöglichungsmacht kultiviert wird. Geleitet und verantwortet wird dieser Ort durch Menschen mit Leitungskompetenz und Autorität, die Bude »lebensweltliche Mentoren« nennt. Sie ermöglichen subsidiäre »Lebenskreise«, also an den Bedürfnissen der Leute im Viertel orientierte Initiativen und Projekte. Wie zum Beispiel HöVi-Land. Diese Projekte und Initiativen sind durch Zutrauen, Einbeziehung – also Teilhabe – und Respekt geprägt. Durch Teilhabe an Macht entsteht neue Autorität.

Autorität ausüben bedeutet also, anderen durch die Teilhabe an Macht selber zu Autorität zu verhelfen. Rahmen und Bedingungen zu schaffen, damit der andere wachsen und langsam selbst zu einer Autorität werden kann. Das Pendant der Autorität, wenn man sie als Ermöglichungsmacht versteht, ist das Grundkapital einer jeden Gemeinschaft und der Gesellschaft insgesamt: das Vertrauen. Ich weiß, dass ich dir das zutrauen kann. Ich weiß, dass du das packst. Ich helfe dir, dass du wachsen und etwas erreichen kannst.

Die Ermöglichung und Kultivierung von Vertrauenskapital ist vielleicht die größte pastorale Herausforderung, der Kirchengemeinden sich stellen können. Das Fehlen von Vertrauen hat nicht nur individuelle, sondern auch gesamtgesellschaftliche schlimme Folgen. Das hat z. B. die Finanzkrise mit ihrem Misstrauen zwischen den Banken gezeigt, es hat die Gesellschaften Milliarden gekostet, den Vertrauensverlust notdürftig auszugleichen. In der Politik lassen die Rücktritte von gewählten Verantwortlichen, mitunter begründet mit dem eilig dahingeworfenen Satz, Politik sei nicht alles im Leben, Bürger dem politischen System und dem Staat gegenüber misstrauisch und ratlos zurück.

Wie elementar Vertrauen für Menschen ist, wie bitter die Abwesenheit von Vertrauen, war in dem Buch zu lesen, das im HöVi-Land in der kleinen Zeltkapelle, dem »HöVi-Dom«, ausliegt und in das Kinder ihre Gedanken, Sorgen und Gebete schreiben können. Eines Tages stand dort in Kinderschrift der Satz: »Heute hab ich bemerkt, dass ich keinen Grund mehr finde (außer meiner Katze) zum Leben.«

VERTRAUEN SCHAFFEN UND MENSCHEN ERMÄCHTIGEN

Dass das Kind seine Gedanken mit ins HöVi-Land brachte und da endlich ausdrückte, spricht dafür, dass sich vielleicht gerade einiges Bahn brach. Bruno Bettelheim erklärt die Bedeutung von Festen wie Weihnachten für Kinder: Weihnachten sei für sie eine symbolische Zusicherung, dass sie in unserer Welt willkommen seien. Kinder nähmen an Weihnachten wahr, dass ein Kind wie sie und durch dieses Kind stellvertretend jedes Kind sehnlichst erwünscht und heiß erwartet auf die Welt gekommen sei. In der Weihnachtsgeschichte werde dieses positive Erwartet-Werden von allen Menschen durch Hirten und Könige symbolisiert. Indem die Kirche Weihnachten feiert, so könnte man diesen Gedanken fortsetzen, vermittelt sie Kindern das Fundament ihres Lebens: Daseinsfreude. Kinder spüren in dieser Freude ein Urvertrauen: Es ist gut, dass ich da bin. Die Daseinsfreude entwickelt sich: aus ihr wird Neugier aufs Leben, Wissbegierde und Ehrgeiz.

Das Doppelspiel von Ermöglichungsmacht und Vertrauen bildet die Grundgrammatik, die Grundstatik einer Gemeinde, eines jeden Gemeinwesens. Ein HöVi-Land-Leiter hat das mal in einer etwas direkteren Sprache so formuliert: »Die Kirche soll halt dafür da sein, den Leuten in den Arsch zu treten. Sie soll ihnen auch was bieten, aber sie dann auch in die Welt losschicken und sagen: So, jetzt macht ihr mal was.« Das, was er meint, lässt sich auch biblisch-theologisch sagen. Im Ersten Testament heißt das: Macht hat in Israel Gott. Er schuf den Erdkreis. Er ist König der Könige und Israels befreiender Herr. Nur von ihm geht alle Macht aus. Es ist interessant, dass das Alte Testament schon so etwas wie das Prinzip der »Gewaltenteilung« kennt: Während Mose das Volk anführt, sprechen die Ältesten Recht. Sie haben ein Wort mitzureden, wenn ein König ernannt oder abgesetzt wird. Die Autoritäten in Israel sollen nicht mächtig sein, sondern weise, heißt es beispielsweise im Buch Exodus. Alttestamentarische Autoritäten in Israel sind nach biblischem Verständnis als Gottes Platzhalter so etwas wie Anwälte des Volkes. Man könnte auch sagen, sie sind so etwas wie Gottes Partner in der Heilsgeschichte des Volkes Israel.

Dieses Motiv setzt sich auch im Neuen Testament fort. Auch hier hat Gott die Macht. Doch er teilt sich die Macht mit seinem Sohn, den er sendet. Dahinter steckt letztlich das Prinzip der Trinität: Einheit durch und in Verschiedenheit. Wer Macht hat, muss mit ihr umgehen, muss sie teilen. Wer Macht hat, bekommt Gewalt – damit wird Jesus vorgestellt. Diese Gewalt besteht aus der Sicht Jesu aus einem kleinen, aber feinen Katalog konkreter Vollmachten. Mächtig sein heißt Sünden vergeben, heilen, befreien, dienen, lieben und lehren. Jesus wiederum gibt diese Ermächtigung an die Apostel weiter. Sie sind die zukünftigen Autoritäten. Autorität in der urchristlichen missionarischen Gemeinde haben die, die nach Jesu Weisungen leben und andere zu einem solchen Leben ermuntern.

Hier wird ein wichtiges biblisches Prinzip deutlich: Gott, der sich in der biblischen Heilsgeschichte und durch Jesus

Christus selbst mitteilt, also durch das Prinzip der Mitteilung zeigt, wer er ist, ist selbst ein Mit-Teiler von Macht. Wer Macht richtig ausübt, ermöglicht Teilhabe daran. Teilnahme geht nicht ohne Teilhabe. Und umgekehrt: Wer teilhat, dem muss klar sein, dass er auch Verantwortung übernimmt. Mitbestimmung bedeutet Mitgestaltung. Und: Wer mitgestaltet, bestimmt eben auch mit.

EINE VOLLMACHT FÜR DAS EIGENE LEBEN

In handfeste Sprache übersetzt heißt das:»Wer was macht, hat Macht.« Dieser Satz ist ein Grundsatz in den Kirchengemeinden von HöVi. Jeder, der Verantwortung übernimmt, bekommt sofort Schlüssel, Raum und das notwendige Geld. Das gilt für jugendliche Gruppenleiter, Erstkommunionkatechetinnen, die Leiterin des Altenclubs, die Vorsitzende des nicht kirchlichen Frauenchors, der in Gemeinderäumen probt, oder aber für Leute aus dem Viertel, die eine Versammlung des Mieterrates abhalten, einfach nur feiern oder einen Kurs für alleinerziehende Eltern veranstalten wollen. Das gilt für den Künstler, der in der Kirche eine Ausstellung hängen will. Nur so kann deutlich werden, dass die Ressourcen in der Gemeinde wirklich allen gehören, die sich an der Förderung und dem Aufbau des Gemeinwohls beteiligen. Durch Teilhabe an Macht, durch das Kultivieren von Ermöglichungsmacht, die zum Ziel hat, anderen Menschen zu Autorität zu verhelfen, entsteht ein Netzwerk, das Kenntnisse, Wissen und Fertigkeiten entwickelt, fördert und bündelt und sie zur Förderung von gemeinschafts- und identitätsstiftenden Initiativen, Projekten und Aktionen einsetzt. Kirchengemeinden können zum Motor dieser Strategie in ihrem Lebensraum werden. Vielleicht ist das sogar ihre ureigenste Aufgabe. Kirchengemeinden könnten bewusst und systematisch den Aufbau solcher Beziehungen initiieren und fördern. Idealerweise über gesellschaftliche, religiöse, ethnische, territoriale, politische und Milieugrenzen hinweg. Daraus kann ein Organismus entstehen, der durch die Einbindung von Menschen, Gruppen, Schulen, Initiativen, Vereinen, Unternehmen etc. nachhaltig wirkt. Freiwillige, die in Schlüsselpositionen geführt werden, sind das wichtigste Kapital dieser nachhaltigen Organisation. In sie wird stark investiert, in Workshops und Seminaren, in Leiterschulungen und Fortbildungen. Die Kirchengemeinden werden so zu Keimzellen, die positive Veränderungen in dem Raum, Stadtteil oder Viertel, in dem alle leben, nachhaltig fördern. Parallel zu dieser sozialräumlichen Veränderung geschehen persönliche Entwicklungsschritte. Menschen halten zusammen, werden selbstbewusster und selbstständiger. Machen entscheidende Schritte in ihrer persönlichen Biografie. Trauen sich, Freundschaften zu knüpfen, Familien zu gründen, einen Beruf zu wählen, von dem sie vielleicht geträumt hatten, sich aber nie zutrauten.

Marcel kommt aus einer schwierigen Familie. Die Eltern sind getrennt, der Vater krank und oft ohne Arbeit. Als Marcel 14 ist, ist er mit schlechten Freunden zusammen. Sie hängen rum, probieren Drogen aus, machen allerlei Mist. Marcel ist in der evangelischen Gemeinde groß geworden, er war in einer Kindergruppe und im Kindergottesdienstkreis. Als Jugendlicher ist er im offenen Treff und engagiert sich in Kinder- und Jugendprojekten. Ein Leben zwischen Stühlen, irgendwie. Marcel bringt ein großes pädagogisches Talent mit. Das hat die evangelische Jugendleiterin erkannt. Daher darf er unter Auflagen Schnupperleiter in HöVi-Land werden, obwohl er eigentlich noch zu jung ist. Mitten in der Sommerfreizeit HöVi-Land wird bekannt, dass Marcel vor ein paar Wochen mit seinen Freunden eine Gartenlaube in Brand gesetzt hat. Sie stand zum Glück leer. Trotzdem, der Schaden ist groß. Sanktionen müssen sein, Marcel muss HöVi-Land verlassen. Doch die Verantwortlichen lassen ihn nicht fallen, arbeiten intensiv mit ihm zusammen. Marcel bleibt Mitarbeiter im evangelischen Jugendbüro, er wird Kindergruppenleiter, später HöVi-Land-Leiter und Kontinentleiter. Er macht seinen Realschulabschluss, dann Zivildienst in der katholischen Gemeinde. Danach beginnt er als Praktikant in beiden Gemeinden, holt an einem Berufskolleg sein Fachabitur nach und erwirbt gleichzeitig den Berufsabschluss des Erziehers. Inzwischen ist er mit dem besten Stimmergebnis von allen ins evangelische Presbyterium gewählt worden. Er macht sein Anerkennungsjahr in einer jugendpsychiatrischen Klinik, in der er seine Freundin, eine Medizinerin, kennenlernt. Inzwischen ist er stellvertretender Jugendleiter in der evangelischen Gemeinde und arbeitet parallel weiter in der Klinik, nebenbei auch noch als Referent.

Nicht alle Menschen-Geschichten aus dem HöVi-Land sind so spektakulär. Natürlich gibt es auch Biografien, die scheitern. Und doch: Beobachtet man die Entwicklungen mancher Jugendlichen, ist Verblüffendes wahrzunehmen. Viele sind durch den Kontakt und die aktive Teilnahme an diesem Netzwerk vor allem beruflich auf eine Spur gesetzt worden. Sie haben Fähigkeiten erworben, die ihnen im Alltag und bei der Bewältigung von Problemen Sicherheit und Struktur geben.

WER WAS MACHT, HAT MACHT

An den individuellen und gemeinschaftlichen Vorteilen der Machtteilung wird ein wichtiger theologischer Gedanke deutlich: Wenn zurzeit zu Recht viele eine »missionarische Kirche« fordern, muss deutlich bleiben, dass die Kirche selbst niemals das Ziel der Mission ist. Mission zielt auf das Kommen des Reiches Gottes. Die Kirche ist nicht das Reich Gottes, sondern lediglich (und leider nur in Teilen) dessen Aufscheinen. Die Kirche stellt sich zur Verfügung, damit Menschen an der Verwandlung der Erde in der Perspektive des Reiches Gottes teilhaben können. Die Verwandlung beginnt mit der Kultivierung der Lebensorte.

Der Autor und Filmkritiker Georg Seeßlen sagt: »Die Welt, die wir uns geschaffen haben, ist potthässlich, strohdumm und lebensgefährlich. Wohin des Wegs von hier aus? Die Spaßgesellschaft ist diejenige, in der sich alle Hoffnungen eines in Maßen aufgeklärten Kapitalismus als unerfüllbar herausgestellt haben. Man argwöhnt den Anbruch eines neuen Mittelalters, eine wahrhaft sprachlose und letztlich gar bilderlose Welt, in der es nicht mehr Erfahrungen, sondern nur noch Rituale gibt.« Die christlichen Kirchen können dieser trostlosen Welt die lebenssatten Bilder und gesammelten Erfahrungen ihrer biblischen Glaubensgeschichten entgegensetzen. Jesus sagt nicht: »Geht hinaus in alle Welt und macht irgendwas«, sondern: »Geht hinaus in alle Welt und verkündet das Evangelium«, die frohe Botschaft. Macht dient dazu, Anstifter des Guten zu sein. »Wer was macht, hat Macht« zur Anstiftung des Guten.

So erzählt das auch eine Kölner Unternehmerin:

Vor sieben Jahren bleibt meine Mutter bei einem Artikel in einer Kölner Tageszeitung hängen: »Eine Kölner Pfarrgemeinde sucht Paten«. Ich habe zuerst gedacht, die suchen Paten für Täuflinge. Aber es ging um was ganz anderes. Sie suchten Leute, die Kindern irgendwie konkret unter die Arme greifen. Dass die Klavierstunden bezahlen können oder so. Dass die es aufs Gymnasium schaffen. Solche Sachen halt. Und dafür das Taschengeld der Kinder erhöhen. Meine Mutter fand das interessant und hat angerufen.

Seitdem waren wir Taschengeldpaten. Wir haben regelmäßig Geld für ein Mädchen überwiesen. Wir wussten aber nicht, wen wir da unterstützen, denn das Prinzip ist Anonymität. Der Pate kennt sein Patenkind nicht und umgekehrt. Allerdings haben wir regelmäßig Post bekommen. Da hat das Mädchen sich dann bedankt und erzählt, was sie so macht und wie es ihr geht.

Nach ein paar Jahren haben wir mitbekommen, dass unser Patenkind Schwierigkeiten in der Schule hat. Sie war damals auf der höheren Handelsschule, aber der Abschluss stand auf der Kippe. Sie hatte drei Fünfen und eine Sechs auf dem Zwischenzeugnis. Und ich sage zu meiner Mutter: Fünf vor zwölf.

Und sie sagt: Holen wir das Kind doch in die Firma.

Das Büro hier war schon das Büro meiner Mutter und meines Großvaters. Das hier ist noch sein Original-Schreibtisch. Der Großvater hatte 1947 die Idee, Geld mit der Vermietung von Zeitschriften zu verdienen. Das funktioniert immer noch. Ungefähr 80 Leute arbeiten hier. Nicht nur Ärzte und Friseure mieten Zeitschriften, auch zunehmend Privatleute. Naja, eigentlich wollte ich mit der Firma nichts zu tun haben. Ich wollte eine Lehre im Hotel machen. Das fand meine Mutter zwar nicht so toll, aber sie hat das andererseits nicht verhindert. Später bin ich dann doch in die Familienfirma.

Wir haben Verena, so heißt das Patenkind, in die Firma geholt. Ich habe hier eine knallharte Ausbilderin. Da dachte ich, die ist genau richtig für Nachhilfe. Mit der Idee bin ich dann in die Schule gegangen. Die Lehrer haben dazu gesagt: Selten, dass wir so was erleben. Die fanden das gut. Aber ich hatte am Anfang echt Zweifel, ob das klappt. Die Verabredung war: Verena kommt zweimal die Woche hierher zum Lernen. Das ging wirklich so vonstatten: Schädel auf, Stoff rein, Schädel zu, der ganze Stoff wurde richtig reingepaukt. Wir hatten ja nicht mehr viel Zeit. Und die hat das echt durchgezogen. Hätte ich nicht gedacht. Einmal, in den Ferien, ist sie nicht gekommen. Da habe ich zu ihr gesagt: »Denk mal drüber nach, warum es Menschen gibt, die das für dich tun.« Naja, hat ja schließlich geklappt.

Irgendwann habe ich sie gefragt: Was willst du denn nach der Schule machen? Da hat sie nur mit den Schultern gezuckt. Da habe ich ihr gesagt: Du kannst dich bei uns bewerben, als Groß- und Außenhandelskauffrau. Sie sollte keine Extrawürste haben, weil sie Patenkind ist oder so. Sie sollte ganz normal mit allen anderen Bewerbern durch diese Mühle durch, mit Bewerbungsgespräch und allem Drum und Dran. Wir nehmen jedes Jahr zwei Azubis, einen, der es locker schafft, und einen, den wir prügeln müssen. Jedenfalls hat sich Verena beworben, und wir haben sie genommen.

In der Berufsschule hat sie direkt tolle Leistungen abgeliefert, das erste Zeugnis war super. Dann kommt die Sache mit dem Führerschein. Verena schien da an so einen Machofahrlehrer geraten zu sein, der sie total verängstigt hat. Als ich das gehört habe, habe ich sie zu der Fahrschule geschickt, in der die Fahrer unserer Firma Autofahren lernen. Alle Mitarbeiter müssen die Lieferfahrzeuge fahren können, wenn es mal eng wird. Und so hat sie dann auch den Führerschein geschafft.

Jetzt sind zwei Jahre Ausbildung rum. Verena hat gerade ihre Prüfung gemacht. Ob sie es geschafft hat, wissen wir noch nicht. Aber ich glaube schon, alles andere wäre eine Überraschung. Leider kann ich sie nicht übernehmen. Doch ich will sehen, dass sie irgendwo anders unterkommt. Vielleicht ist es auch irgendwie gut, wenn sie das Firmennest bald verlässt. Warum das funktioniert hat? Ich glaube, Verena hat bei uns in der Firma eine Art Ersatzfamilie gefunden, eine Art Netz, das es so bei ihr zu Hause wohl nicht gegeben hat. Als ihre

Mutter, die schwer krank war, gestorben ist, sind wir allesamt zur Beerdigung gegangen. Da hat sie wohl gemerkt: Die in der Firma mögen mich. Stimmt ja auch. Naja, und bei uns geht's ja nun auch, aber nicht nur ums Geldverdienen. Ich habe wohl eine Art kölscher Grundgläubigkeit. Menschenliebe ist mir wichtig. Und der Mensch steht ja auch irgendwie im Mittelpunkt der Kirche, so verstehe ich das zumindest. Die Menschliebe habe ich wohl von meiner Mutter, und die wiederum hat sie wahrscheinlich von ihrem Vater. Die braucht man als Unternehmerin. Und den Ehrgeiz, Dinge zu Ende zu bringen. Ist doch schön, davon was an junge Menschen weiterzugeben. Und wenn Verena weg ist, wird's jemand anderen geben.

Das Leiterschulungswochenende ist zu Ende. Der Bus fährt vor, gleich geht es nach Hause. Zum Schluss sollen die Jugendlichen die beiden Tage reflektieren. Jeder soll den anderen mit dem Symbol »schlechtestes Urlaubsbild – bestes Urlaubsbild« seinen jeweils schlechtesten und besten Eindruck der gemeinsamen Zeit beschreiben. »Ich weiß nur schöne«, sagt Ramona, das »fliegende Eichhörnchen«. Ihr Gesicht lässt dem Beobachter keine andere Wahl, als ihr zu glauben.

10. KAPITEL

»Die Welt gehört dir.
Was willst du mit ihr machen?«
(Die Ärzte)

BARMHERZIGKEIT IST GRENZENLOS

Von Franz Meurer

Gewöhnlich gilt im Kapitalismus: Der Markt schützt vor Ausbeutung. Jede und jeder bietet seine Arbeit auf dem Markt an und erhält das Entgelt, das eben marktgerecht ist. Keiner wird versklavt. Doch was ist mit denen, die keinen Marktzugang finden? Zum Beispiel mit denen, die auf die Förderschule gehen, weil der liebe Gott ihnen nicht die Intelligenz fürs Abitur geschenkt hat? Da braucht es »Schicksalskorrektoren«, wie es Heribert Prantl von der *Süddeutschen Zeitung* bezeichnet.

Schicksalskorrektor ist in unserem Land zuerst einmal der Staat. In der Sozialen Marktwirtschaft hat zum Glück jede und jeder das Recht auf Unterstützung für ein menschenwürdiges Leben. Das Bundesverfassungsgericht überprüft, ob das jeweils in Ordnung geht, wie beim Hartz-IV-Urteil. Doch reicht es aus, die Menschen, die nicht mithalten können, deren Arbeitsangebot auf dem Markt nicht benötigt wird, mit Geld zu alimentieren? Also einfach Versorgung statt Beteiligung an der Gesellschaft?

Wir wissen alle, dass dies zu Verwahrlosung, leider auch zu Kriminalität führen muss. Also gilt: Wir können die Gestaltung des gemeinsamen Lebens nicht nur vom Staat erwarten. Die Leistungsfähigen, also die mit Abitur, sind mit am Drücker, denn sie gestalten die Gesellschaft.

Es geht nicht ohne Barmherzigkeit. Wer einem andern in der Not hilft, ist barmherzig. Das hört sich altbacken an, ist aber hoch politisch. »Barmherzigkeit«, so kennzeichnet sie Dimitré Diniv in seinem gleichnamigen Buch, ist »... ein Privileg des Individuums. Eine Gesellschaft kann sozial, solidarisch und vieles andere sein, aber niemals barmherzig.« Barmherzigkeit ist immer inklusiv, sie schließt den anderen ein. Solidarität, wie am 1. Mai bei der Gewerkschaftsdemo, ist immer auch ein bisschen Ausschluss, gegen andere. Das ist ja in Ordnung, aber eben nicht barmherzig. Am Tag der Arbeit, dem 1. Mai, gehe ich immer mit dem Zug der Gewerkschaft. Die Menschen finden es gut, dass wenigstens ein Pfarrer mit von der Partie ist. Dreimal habe ich auch bei der Kundgebung reden dürfen. Schließlich hat die Soziallehre der Kirche zum Verhältnis von Kapital und Arbeit knackige Grundsätze parat. Zum Beispiel heißt es in der Enzyklika, dem päpstlichen Lehrschreiben, über die menschliche Arbeit: »Man darf das Kapital niemals um seiner selbst willen besitzen, weil der einzige Grund, der den Besitz von Kapital rechtfertigt, der ist, der Arbeit zu dienen.« Starker Tobak in Zeiten von Finanzkrisen!

Barmherzigkeit aber ist die Macht des Einzelnen. Wer barmherzig ist, schenkt sein Herz, um die Armut eines anderen reich zu machen: Ich finde keine Ausbildungsstelle – du machst mich fit und verschenkst deine Kontakte, damit ich in einen Job komme.

Besser noch wird das deutlich in dem Wort Erbarmen. Erbarmen ist Ab-armen. Die Armut wegnehmen.

Barmherzigkeit ist immer politisch. Denn sie stellt die

Frage, wie gerecht das System ist. Im Paradies ist Barmherzigkeit überflüssig.

So ist Barmherzigkeit immer ein Dialog, der Blick in das Antlitz des andern. Barmherzigkeit ist nie anonym. Indem ich als Barmherziger Verantwortung für einen anderen übernehme, erschließt sich für mich meine eigene Persönlichkeit, meint Emmanuel Levinas. Ver-antwortung gibt Antwort.

Barmherzig sein kann die oder der, wenn sie zur Empathie fähig sind, zum Mitgefühl mit dem andern, zum Mitleid.

HINSEHEN UND ANPACKEN

Seit 38 Jahren sagt ein Mensch:»Ich habe keinen Menschen.« Nachzulesen im Johannesevangelium (Joh 5,7). Dieser Mensch liegt gelähmt am Teich Betesda und hofft darauf, dass ihn jemand ins Wasser trägt und er vielleicht geheilt wird. Jesus sieht ihn an und erkennt seine Lage.

Diese Geschichte in der Bibel ist die, die am meisten bedrückt: 38 Jahre sind zu lang. Hinsehen oder wegschauen, das ist die Frage – zugleich die Antwort.

Hinschauen und anpacken, das ist die Spiritualität Jesu. Im Gerichtsgleichnis im Evangelium des Matthäus, Kapitel 25, Verse 31 – 46, führt Jesus sechs Notleidende auf. Sie sind nackt, krank, durstig, obdachlos, im Gefängnis, hungrig. Was tun?»Was ihr dem geringsten meiner Geschwister getan habt, habt ihr mir getan.« Es ist wie im Schauspiel, Jesus ist in der Rolle dieser Menschen zu finden. Dies ist das Format der Christusbegegnung: barmherzig sein.

In der christlichen Tradition kam noch eine siebte Notlage hinzu: tot sein und nicht beerdigt werden. Für die Armen war das ein Problem. Im Buch Tobit im Ersten Testament berichtet Tobit: »Wenn ich sah, dass einer aus meinem Volk gestorben war und dass man seinen Leichnam hinter die Stadtmauer von Ninive geworfen hatte, begrub ich ihn.« (Tobit 1,17)

Die sieben Werke der leiblichen Barmherzigkeit greifen die sechs Notlagen bei Matthäus auf und ergänzen sie mit dem siebten Werk: Tote begraben. Von der Heiligen Elisabeth wird berichtet, dass sie als Landgräfin von Thüringen eigenhändig Totenhemden für die Armen genäht hat. Soweit ist es heute noch nicht wieder. Aber wenn das Ordnungsamt in Köln für Arme eine Beerdigung bezahlt, muss sie ohne Trauerhalle auskommen. Damit die Feier nicht bei Schnee und Regen vor der Halle beginnen muss, zahle ich die Gebühr für die Trauerhalle, 169 Euro. Heute könnte ein Beispiel des Gerichtsgleichnisses lauten: Du hast für mich die Trauerhalle gemietet.

In der Geschichte der christlichen Kunst sind die sieben Werke der leiblichen Barmherzigkeit ein oft aufgegriffenes Sujet. In unserer zweiten Kirche St. Elisabeth (die andere ist St. Theodor) werden sie in den Kirchenfenstern nicht direkt dargestellt, sind aber gemeint. Denn vorgestellt hat der Künstler Rolf Maria Koller die sieben Notlagen. Er zeigt in jeweils einem Fenster Menschen, die entweder durstig oder krank, tot, hungrig, obdachlos, nackt oder im Gefängnis sind. Die Zuschauer in der Kirche müssen sich entscheiden, was sie tun – ob sie Teil des Bildes werden. Helfe ich oder lasse ich es bleiben? Das Format gewinnt die Gestalt einer aktuellen Geschichte und damit Dramatik wie im Gleichnis bei Matthäus.

So sieht moderne, zeitgenössische christliche Kunst aus. Sie gibt nicht ein frommes Beispiel zur gefälligen Nachahmung, sondern stellt die konkrete Frage: Was machst Du?

WER GEHÖRT DAZU?

Auch in Kirchengemeinden geht es mitunter unbarmherzig zu. Etwa wenn es um die Frage geht: Wer darf dazugehören? Oder gar um die Frage: Wer darf was bestimmen? Natürlich ist oft der Satz zu hören:»Wir sind für alle offen.« Gemeint ist damit aber manchmal: Wir sind für die offen, die sich ganz linienförmig bei uns anpassen, die sich unseren Gruppenregeln unterwerfen. Wo soll Offenheit anfangen und aufhören?

Peter Sloterdijk formuliert: Ein Gesellschaftsvertrag beginnt damit, dass die Menschen entscheiden, in welchem Klima sie leben wollen. Was für die Gesellschaft gilt, scheint mir auch im Viertel ein guter Ansatz zu sein. Wenn das Klima stimmt, sind Öffnung wie Abgrenzung möglich. Unsere Kinderstube grenzt sich ab. Neun Frauen treffen sich hier jeden Morgen, frühstücken zusammen und organisieren dann bis mittags Hilfen für Menschen in Not. Eine offene Sprechstunde in der Verantwortung der Gruppe. Die Frauen sagen: Neun ist die optimale Zahl, mehr geht nicht. Gerne möchten mehr Frauen mitmachen. Eine weinte kürzlich gar, als sie abgewiesen wurde.

Diese Abgrenzung finde ich in Ordnung. Sie ist begründet und dem Gruppenzusammenhalt geschuldet. Instinktiv spüren die Frauen, dass die Dynamik der aktiven Kleingruppe gefährdet wäre, wenn die Zahl der Mitglieder sich erhöht. Im Blick auf die Gruppendynamik ein guter Instinkt! Versöhnlich für die Abgewiesenen ist, dass die Frauen ihnen andere Ideen für ihr Engagement vorschlagen.

Anders war die Situation, als eine Frau aus einfachen Verhältnissen Lektorin werden sollte. Ein Lektor trägt beim Gottesdienst die Lesung und die Fürbitten vor. Ein in der

Pfarrei sehr wichtiger Vereinsvorsitzender sagte zum Pastor: Wie können Sie eine solche Frau an den Altar lassen?! Hier steht die Frage im Raum, ob in einer Gemeinde auch Menschen aus unteren Milieus wichtige Positionen einnehmen dürfen und können. Für das Klima in einer Gemeinde ist dies eine Schlüsselfrage. Natürlich funktioniert eine Gemeinde dann gut, wenn die bürgerlichen Menschen im Viertel sich engagieren. Ohne sie ginge sehr vieles nicht. Zum Beispiel konnten wir vor einem halben Jahr endlich einen Pfadfinderstamm gründen. Darauf hatten wir siebzehn Jahre lang gehofft. Denn feste Gruppen sind für die Kinder in unserem Viertel wunderbar. Hier erleben und lernen sie Verlässlichkeit und Respekt und übernehmen sinnvolle Verantwortung. Die tägliche »gute Tat« der Pfadfinder ist ein Symbol der Persönlichkeitsbildung. Die Stammesgründung wurde möglich, weil zwei bürgerliche Familien in unser Viertel zogen. Als ihre eigenen Kinder ins Schulalter kamen, dachten die Eltern als alte Pfadfinder an das Wohl ihrer eigenen Kinder, aber zum Glück auch an das Heil anderer *Pänz* (kölsch für »Kinder«). Viele Kinder wollen mitmachen, aber der Stamm muss langsam wachsen; derzeit sind dreißig dabei.

Die entscheidende Frage für das Klima im Viertel ist, ob es gelingt, die verschiedenen Milieus in der Erkenntnis zu bestärken, dass sich das eigene Leben weitet, wenn Milieugrenzen sich füreinander öffnen. Bei den Pfadfindern wird dies zum Beispiel schon beim traditionellen Pfadfindergruß deutlich. Der dicke Daumen legt sich über den kleinen Finger bei erhobener Hand, will sagen: der Starke beschützt den Schwachen, der Große den Kleinen. Pfadfinder sind sozusagen in der Wurzel barmherzig, im Kern milieuübergreifend. Es gibt ja auch Aufgaben für verschiedene Begabungen. Wer vielleicht nicht zum Gruppenleiter taugt, mag der ideale Zeltwart sein. Wer als Pressereferent scheitern würde, kocht die besten bissfesten Spaghetti in der Zeltküche. Wer als Stammesleiterin berufen ist, scheitert daran, die Zeltheringe an der richtigen Stelle in den Boden zu schlagen. So kann ein Pfadfinderstamm ein kleiner Kosmos der idealen Gesellschaft sein. Jede kann etwas, keiner kann nichts. Was die Lektorin betrifft, so ist sie inzwischen zu einer zentralen Person in der Gemeinde geworden. Bei der Wahl zum Pfarrgemeinderat bekam sie nach dem Vorsitzenden, einem lebensklugen Arzt, die zweitmeisten Stimmen. Gerade die bürgerlichen Menschen haben erkannt, welcher Gewinn für alle es ist, wenn »eine solche Frau« mitmacht. Sie ist nicht mehr nur Lektorin, sondern managt mit einem Powerfrauen-Team auch die Bewirtung nach dem Gottesdienst an jedem Sonntag.

BARMHERZIGKEIT: BLIND, UNLOGISCH UND STOLZ

Mein Lieblingsgedicht von Erich Fried bringt ins Wort, dass Barmherzigkeit blind und unlogisch sein darf und muss:

Was es ist

Es ist Unsinn
sagt die Vernunft
Es ist was es ist
sagt die Liebe

Es ist Unglück
sagt die Berechnung
Es ist nichts als Schmerz
sagt die Angst

Es ist aussichtslos
sagt die Einsicht
Es ist was es ist
sagt die Liebe

Es ist lächerlich
sagt der Stolz
Es ist leichtsinnig
sagt die Vorsicht

Es ist unmöglich
sagt die Erfahrung
Es ist was es ist
sagt die Liebe

Ein Klima der Barmherzigkeit herrscht zum Glück bei den fünfzehn Katechetinnen der Kommunionvorbereitung. Sie sind stolz darauf, dass in ihren Gruppen behinderte Kinder mitmachen. Letztes Jahr rief ein Vater an und sagte, sein leider epileptisches Kind könne nicht teilnehmen. Sogleich überzeugte ihn eine der Katechetinnen vom Gegenteil: Wer denn sonst, wenn nicht Ihr Kind! Auf diese Haltung sind die Katechetinnen stolz, und die Gemeinde ist stolz auf sie. Barmherzigkeit wird zum Identitätsgewinn.

Jedes Jahr machen die Katechetinnen einen Studientag. Manchmal zu frommen Themen wie den Zehn Geboten. Dieses Jahr zu ADHS, »Aufmerksamkeitsdefizit/Hyperaktivitätsstörung«. Leider haben viele Kinder ADHS, manche bekommen dann »Ritalin«. Eine Katechetin konnte einen Lehrstuhlinhaber der Heilpädagogik und einen Psychotherapeuten gewinnen, die (sehr barmherzig!) für eine kleine Aufwandsentschädigung einen wunderbaren Studientag gestalteten. Für die Dozenten war es auch eine

Herausforderung, denn die Katechetinnen kommen aus verschiedenen Milieus, die meisten haben kein Abitur. Es war ein dreifacher Gewinn. Die Dozenten erlebten, wie ihre wissenschaftlichen Erkenntnisse an der Basis ankommen. Die Katechetinnen lernten, wie sie mit den ADHS-Kindern umgehen können. Den größten Profit haben die Kinder, die nun Erwachsenen begegnen, die dank ihrer Kenntnisse ein Herz für ihre Armut haben, also barmherzig sein können. Bei Harry Potter, in »Die Kammer des Schreckens«, sagt Dumbledore: »Viel mehr als unsere Fähigkeiten sind es unsere Entscheidungen, die zeigen, wer wir sind.« Die Kinder wissen, wer und wie ihre Katechetinnen sind.

REICH, GLÜCKLICH UND BARMHERZIG FÜR IMMER

Bei Kindern sind unsere Instinkte noch in Ordnung. Jede und jeder hilft einem Kind, das er mutterseelenallein auf der Straße findet. Jeder ist dafür, dass Kinder Essen, Trinken, Kleidung und ein warmes Bett haben. Ja, jede und jeder stimmt auch zu, dass Kinder gerechte Chancen auf Bildung erhalten.

Bei Erwachsenen sind wir unbarmherziger. Jeder ist seines Glückes Schmied, kommt uns schnell über die Lippen. Oder: Wer zu spät kommt, den bestraft das Leben. Der Antitext zum Evangelium von der Barmherzigkeit steht auch in der Bibel, im Lukas-Evangelium (Lk 12, 13 – 21):

Einer aus der Volksmenge bat Jesus: Meister, sag meinem Bruder, er soll das Erbe mit mir teilen. Er erwiderte ihm: Mensch, bin ich denn dein Anwalt?! Dann sagte er zu den Leuten: Gebt acht, hütet euch vor jeder Art von Habgier. Denn der Sinn des Lebens besteht nicht darin, dass ein Mensch aufgrund seines großen Vermögens im Überfluss lebt.

Und er erzählte ihnen folgendes Beispiel: Auf den Feldern eines reichen Mannes stand eine gute Ernte. Da überlegte er hin und her: Was soll ich tun? Ich weiß nicht, wo ich meine Ernte unterbringen soll. Schließlich sagte er: So will ich es machen: Ich werde meine Scheunen abreißen und größere bauen; dort werde ich mein ganzes Getreide und meine Vorräte unterbringen. Dann kann ich zu mir selber sagen: Nun hast du einen großen Vorrat, der für viele Jahre reicht. Ruh dich aus, iss und trink, und freu dich des Lebens! Da sprach Gott zu ihm: Du Narr! Noch in dieser Nacht wird man dein Leben von dir zurückfordern. Wem wird dann all das gehören, was du angehäuft hast? So geht es jedem, der nur für sich selbst Schätze sammelt, aber vor Gott nicht reich ist.

Reich und glücklich werden, doch, das ist ein gutes Lebensziel. Aber wie ist das nachhaltig möglich, sodass es Bestand hat »für immer«?
Bei Leo Tolstoi steht die Antwort in einer Geschichte. Ich erzähle sie so:

Ein reicher Mensch hatte alles und das im Überfluss. Einen Leibkoch, einen Bodyguard, viele Dienerinnen und Diener. Natürlich ein Schloss und andere Immobilien. Einen Fuhrpark mit Nobelkarossen. Er hatte sogar einen eigenen Leibarzt und deshalb vor nichts und gar nichts Angst. Außer ... vor dem Tod. Als es ans Sterben ging, befahl er seinem Lieblingsdiener: Leg mir von meinen hundert Säcken Gold den dicksten in den Sarg. Ich will nicht ohne Geld in den Himmel! Gesagt, getan. Als der Reiche im Himmel ankam, setzte er sich sogleich auf die nächste Wolke. Noch nie hatte er einen so schweren Sack getragen. Er war ganz außer Atem. Und er verspürte Hunger. Wie er sich so umsah, erblickte er auf der übernächsten Wolke eine Leuchtreklame: »Restaurant zu den sieben Engeln«. Als er näher kam, fühlte er sich in seinem Lebensentwurf auch im Himmel bestätigt. Unter der Reklame war ein kleines

Schild angebracht: »Einheitspreis für jede Mahlzeit: eine
Kopeke«! Ja, dachte er, da habe ich mit meinem Kapital für
die Ewigkeit ausgesorgt! Das Restaurant ging mit der Zeit,
es war ein Selbstbedienungsrestaurant. Der Reiche legte auf
Teller und Tablett, was ihm zusagte. »Eine Kopeke bitte«,
sagte der Engel an der Kasse. »Hier hast du zehn Kopeken«,
sagte der reiche Mensch, »der Rest ist Trinkgeld, ich kann es
mir ja leisten.« – »Iswenitje«, sagte der Engel, »excuse me,
pardon, Entschuldigung! Wusstest du denn nicht, dass man
im Himmel nur mit dem bezahlen kann, was man auf der Erde
verschenkt hat?!«

Immobil, unveränderlich, beständig, für immer ist nur
das, was wir einander schenken, sagen, anvertrauen. Das
ist schon jetzt Teil des Ewigen, für immer. Davon vergeht
nichts. Es besteht bei Gott. Das weiß der barmherzige Sa-
mariter des Evangeliums, und das spüren wir, wenn Jesus
sagt: Was ihr einem dieser Armen getan habt, habt ihr mir
getan. Oder wenn er in seiner Abschiedsrede – im Johannesevangelium – den Jüngern anvertraut (Joh 13,33 – 35):

Nur noch für kurze Zeit werde ich bei Euch sein. Wohin ich
gehe, könnt ihr nicht mitkommen. Für diese Welt aber gebe ich
Euch einen neuen Auftrag: Ihr sollt einander Liebe schenken.
Wie ich Euch lieb habe, so sollt auch ihr einander lieben. Das
wird das Zeichen sein, an dem die Menschen sehen, dass ihr
zu mir gehört, dass ihr einander Liebe schenkt.

Das klingt vielleicht ein bisschen groß. Aber Liebe und
Barmherzigkeit zeigen sich im Alltag, im Viertel, in der
Gemeinde, da, wo Menschen einander begegnen und sich
sehen (oder nicht) und miteinander füreinander sind.
Miteinander über alle Milieugrenzen hinweg sind wir bei
der Heiligen Messe auf dem Kirmesplatz am zweiten Sonn-

tag im Oktober. Die Kirmes ist ja das Kirchweihfest, die Menschen feiern die Kirche im Viertel, also gilt es, mit dem Gottesdienst dorthin zu ziehen, wo sie feiern, ähnlich der Fronleichnamsprozession durch das Viertel. Der Autoscooter-Besitzer stellt sein Fahrgeschäft zur Verfügung. So haben alle ein buntes Dach über dem Kopf, im Oktober kann es ja regnen. Hundert Bierbänke stehen auf den festen Bodenplanken im Trockenen, der Altar auch. Der Männerchor lässt es sich nicht nehmen zu singen. Dieses Jahr hat er extra »Über den Wolken« von Reinhard Mey eingeübt, weil das Motto der Kommunionkinder heißt »Wir sind jeder ein Stern«.

Am Schluss des Gottesdienstes bekommt jedes Kind fünf Euro Kirmesgeld. Warum? Ganz einfach weil der Pastor als Kind nie zur Kirmes gehen konnte, in einer kinderreichen Familie war das nicht drin. Fünf Euro bedeuten nicht Kirmes pur und grenzenlos, aber jedes Kind hat so ein Starterset und muss sich gut überlegen, welches Vergnügen machbar ist. Vielleicht gibt die Oma ja noch etwas dazu.

Auf den ersten Blick ist Barmherzigkeit ein angestaubter, altbackener Begriff. Auf den zweiten Blick eröffnet er die Chance der Begegnung. Ein barmherziger Mensch will den andern nicht benutzen, gar ausbeuten, sondern sucht die Beziehung, um sich und dem andern nützlich zu sein.

11. KAPITEL

»Es könnte alles so einfach sein«
(Die fantastischen Vier)

SIE KÖNNEN WAS TUN
Von Franz Meurer und Peter Otten

Wenn Sie in diesem Buch lesen, stellen Sie sich vielleicht die Frage: Und ich? Was kann ich denn tun?
»Es gibt nichts Gutes, außer man tut es«, sagt Kästner. Wahrscheinlich denken die meisten von uns sogleich ganz moralisch an das Gute, das wir andern antun. Aber das ist schon die falsche Spur.
Wer sich engagieren will, sollte zuerst daran denken, was er selbst davon hat! Also seinen eigenen Profit, den Vorteil für sich selbst bedenken. Neudeutsch Benefit genannt.
Was bringt mir das?
Das ist die richtige Anfangsfrage.
Schon in der Bibel steht: Du sollst den Nächsten lieben wie dich selbst! Also ist es gut, bei sich zu beginnen.
So können die Fragen aussehen, die Sie an sich stellen:

- *Mein Leben ist gut verlaufen, ich hatte Glück. Will ich mich nun aus froher Dankbarkeit für andere einsetzen, die Pech haben?*

- *Ich bin Rentner und habe Zeit. Wenn ich den ganzen Tag zu Hause bleibe, gehe ich meiner Frau auf die Nerven.*

Also sollte ich mich vor- oder nachmittags woanders aufhalten. Das tut meiner Frau und mir gut. – Dies gilt natürlich umgekehrt auch für die Rentnerin.

- *Mir geht es um Gotteslohn. »Was ihr dem geringsten meiner Geschwister getan habt, das habt ihr mir getan.« Ich will reich werden vor Gott, ein Kapital im Himmel anhäufen. Also Gutes tun?*

- *Ich bin Manager/in und stehe mitten im Leben. Mir fehlt materiell nichts. Allerdings habe ich keine Kinder. Es sieht auch nicht so aus, als ob ich bald eine Familie gründen würde. Bekomme ich eigentlich mit, was das Leben schön macht? Vielleicht sollte ich mich mal für Kinder engagieren, denen es nicht so gut geht?*

- *Ich finde, dass Musik das Leben reich macht. Ich spiele selber ein Instrument, ziemlich gut. Ich weiß, dass viele Schulen kaum noch Musikunterricht haben. Hier könnte ich doch einspringen?*

- *Ich bin ein Bastler und Rentner. Warum biete ich nicht einen Fahrrad-Reparaturkurs im Jugendzentrum oder an der Hauptschule an? Ich könnte mir sogar erlauben, die Ersatzteile zu finanzieren. Dann brauchen wir sonst niemanden zu bemühen.*

Im Kern geht es um die Frage, ob ich durch mein Engagement neue Beziehungen zu Menschen aufnehmen möchte. Martin Buber sagt: »Wer Du sagt, hat nichts, aber lebt in Beziehung.«
Wer sich engagiert, lernt nicht nur neue Menschen kennen, sondern macht auch neue Erfahrungen. Ein bürgerlicher Mensch, der sich mit Menschen aus einfachen Schichten in Kontakt bringt, lernt, dass es ihnen weniger um Bil-

dung, sondern eher um Cleverness geht. Denn clever sein bringt Vorteile und hilft zu überleben. Auch Selbstverwirklichung ist in einfachen Lebensverhältnissen nicht das Ziel. Die Menschen sind meist bereit, ihr Schicksal anzunehmen und das Beste daraus zu machen. Statt Erbauung ist Erregung angesagt, was manche Fernsehprogramme ja widerspiegeln. An die Stelle des gutbürgerlichen Antriebs zu Leistung und Anstrengung tritt bei Menschen aus unteren Milieus der Wunsch, Schwierigkeiten zu vermeiden. Dem Verlangen nach Autonomie tritt die Bereitschaft entgegen, Autorität zu akzeptieren. Davon leben übrigens die Jugendgangs.

Jedes Engagement eröffnet also ein weites Lernfeld. Es ist spannend, in ein anderes Lebensmilieu einzutauchen. Auch schon sehr interessant, als älterer Mensch die Lebenswelt eines Kindes zu berühren. In vielen Städten gibt es heute Freiwilligenagenturen, die bei der Suche nach einem geeigneten Engagement behilflich sind. Wer Enttäuschungen vermeiden will, sollte sich der Dienste dieser Agenturen bedienen. Sie sieben auch die Menschen aus, die nur andere mit ihrer Lebenserfahrung belehren wollen, anstatt Hilfe zur Selbsthilfe zu bieten. Hartleibigkeit funktioniert nicht, Besserwisserei ist unproduktiv.

Rund hundert Ideen für ein konkretes Engagement finden sich in einem Büchlein, das ich mit dem Kabarettisten Jürgen Becker und dem Historiker Martin Stankowski geschrieben habe (»Von wegen nix zu machen ...«). Dank des Verlages ist der Preis erschwinglich: 7,95 Euro.

WAS BRINGT DAS DENN POLITISCH?

Bei aller Bereitschaft und allem guten Willen bleibt die Frage: Was bringt das denn politisch? Was verändert es im Großen? Kleinklein ist ja nett, man kann es auch bildungsbürgerlich Kommunitarismus nennen. Aber es verändert doch nichts!

Viele sagen: Sozialromantisch, was ihr da macht. Es löst nicht die Probleme, wenn Leute ihr Wohnviertel sauber halten, Blumen auf den Bürgersteigen pflanzen, den Nachbarskindern ab und zu bei den Hausaufgaben helfen oder babysitten. Nur viel bringt viel! Also: Vermögenssteuer wieder einführen. Grundbesitz knallhart besteuern. Umverteilen. Alle Einkommensarten für die Renten anzapfen. Den Reichen nehmen und den Armen geben. Robin Hood eben als politisches System.

So knackig und attraktiv sich dieser Weg anhört, in der Summe bringt er nicht viel. Natürlich ist es gerecht und sorgt für ein gutes Klima der Gerechtigkeit in der Gesellschaft, wenn auch die Kapitalbesitzer kräftig besteuert werden.

Doch im Kern geht es nicht um ein Verteilungsproblem, sondern um ein Bildungsproblem.

Wenn der Armutsforscher Christoph Butterwege feststellt, dass durch Hartz IV die Zahl der Kinder auf Sozialhilfeniveau von einer Million auf 1,7 Millionen stieg, ist das Problem die Arbeitslosigkeit. Sie führt dazu, dass die Kinder verwahrlosen, weil die Eltern selbst zunehmend den festen und geordneten Boden unter den Füßen verlieren.

Es kommt also zum einen darauf an, dass Kapitalbesitzer kapieren, dass ihre Produktionsmittel dazu da sind, Arbeit zu schaffen. Vor allem große Unternehmen müssen sich der Sozialpflicht des Eigentums erinnern. Das ist ein Bildungsprozess!

Wie sollen die Bedingungen des Lebens und der Arbeit sein? Die Demonstrationen und Streiks in Frankreich angesichts der gesetzlich ermöglichten schnellen Kündigung in den ersten beiden Beschäftigungsjahren zeigen, wie sich ein ganzes Volk bewegt und auflehnt, wenn der Bogen überspannt wird.

Das Unwort des Jahres 2005 hieß übrigens »Entlassungsproduktivität«.

Zum anderen: Lernen müssen auch die Kinder, die auf Sozialhilfeniveau leben. Und zwar kräftig. Wie die PISA-Studie leider belegt hat, sieht es in Deutschland mit der Chancengleichheit schlecht aus. Wirtschaftlich betrachtet verpennen wir die Zukunft, wenn wir zusehen, wie Kinder aus armen Familien ihre schulischen Entwicklungschancen nicht wahrnehmen, weil die Familien resignieren und verwahrlosen.

Das vielleicht größte Bildungsdefizit herrscht in vielen Familien mit Migrationshintergrund. Hier bleiben riesige Potenziale ungenutzt. Leider sinkt die Zahl der ausländischen Jugendlichen, die eine Lehrstelle erhalten, von Jahr zu Jahr. Neben der sozialen Zeitbombe, die eine wachsende Zahl junger Menschen ohne Ausbildung und Job darstellt, sind verpasste Bildungschancen ein großer Standortnachteil in einem Land, das ohne Bodenschätze von der geistigen Produktivität seiner Menschen lebt.

Bildung lässt sich nicht durch einen großen Knall vermitteln, sondern nur im Kleinen, Schritt für Schritt, mithilfe vieler. *It takes a village to raise a child.* Wer es moderner will: *Life management* braucht starke Familien, motivierte Lehrerinnen und Lehrer, engagierte Ausbildungsbetriebe. Dieses Engagement ist nur sehr bedingt zu kaufen. Entscheidend ist die Motivation vieler.

Und die Geduld.

ES IST SCHÖN, GUT ZU SEIN

Gerade wer sich für »das Große«, für Wirtschaftspolitik, soziale Sicherungssysteme und die demographische Entwicklung interessiert, erkennt, wie wichtig darin der menschliche Faktor ist, die *soft skills* der Kommunikation und des Vertrauens.

Lernorte dieser Eigenschaften der Sozialkompetenz, der Verlässlichkeit, ja auch der Freude an erfüllender Arbeit sind die kleinen sozialen Orte und Netze. Sind die Menschen, die nachmittags im Hort vorlesen, Tischtennis in der Offenen Ganztagsschule anleiten, die Fahrradwerkstatt im Hinterhof einmal wöchentlich aufmachen, mit ihrem Musikinstrument unentgeltlich Unterricht erteilen, in Rente und Pension ihre beruflichen Fertigkeiten an Jugendliche und Berufsanfänger vermitteln, als ältere Dame mit großer Wohnung einer Studentin gegen kleine Hilfen und Dienste ein Zimmer abtreten, in ihrer Kneipe eine Dose auf den Tresen stellen und für die Teilnahme auch der armen Kinder an der Klassenfahrt sammeln ... und dabei selber glücklich sind, weil sie sehen, wie effektiv es ist – und wie schön –, dass sie gebraucht werden.

So ist das konkrete Engagement im letzten keine Frage der Moral, sondern der Ästhetik! Es ist nicht nur gut, sondern auch schön, etwas für andere und mit anderen zu gestalten. Heinrich Böll hat das ins Wort gebracht:

Die Poesie des Tuns (für Rupert Neudeck, 1984)

Es ist schön, ein hungerndes Kind zu sättigen,
ihm die Tränen zu trocknen,
ihm die Nase zu putzen,
es ist schön, einen Kranken zu heilen.

Ein Bereich der Ästhetik, den wir noch nicht entdeckt haben,
ist die Schönheit der Gerechtigkeit.
Über die Schönheit der Künste, eines Menschen, der Natur
können wir uns halbwegs einigen.
Aber – RECHT und GERECHTIGKEIT sind auch schön,
und sie haben ihre Poesie, wenn sie vollzogen werden.

Theologisch betrachtet geht es um einen alten Grundsatz der scholastischen Wissenschaft: *Ens et bonum et verum et pulchrum convertuntur.* Das Seiende und das Gute und das Wahre und das Schöne stimmen überein.

Die Schönheit Gottes zu entdecken gelingt beim Blick ins Antlitz des anderen. Moralische Appelle nützen nur bedingt, der Blick ins Gesicht eines hungernden Kindes öffnet das Herz. Und beflügelt die Kreativität – wie nun Peter Otten mit einigen praktischen Ideen für Ihr Engagement zeigt.

Vorher noch ein kleiner Ausflug in die Glücksforschung, als Motivationsschub sozusagen. Drei Wege zum Glück gibt es:

- *Genuss erleben. Also gut essen oder einen Rotwein oder ein Wiesenbier genießen. Auch heiß baden, was schon der Heilige Thomas empfahl.*

- *Gute Freundschaften pflegen. Auch in der Ehe!*

- *Sinnvolle Aufgaben übernehmen, für und mit anderen.*

Ihr Franz Meurer

WERDEN SIE DOCH MAL KULTURPATE!

Früher war es nicht nur in HöVi so: Die Wohnungsschlüssel steckten von außen, Nachbarskinder gingen ein und aus, die alte Nachbarin war so etwas wie ihre »Leih-Oma«, gemeinsam schnitten sie Sterne aus und bastelten für die Eltern Weihnachtsgeschenke. Die Väter tranken im Garten versammelt ihr Samstagsbier und hörten gemeinsam die Bundesliga im Radio, während sie ihre Autos polierten. Das Fließband von Ford verband genauso wie das Treppengeländer im Haus oder der Gartenzaun. Was früher selbstverständlich war, muss heute initiiert und organisiert werden.

Ein Ehepaar macht Folgendes: Ist eine interessante Ausstellung in der Stadt, werden türkische Nachbarn, Kinder wie Eltern, darauf aufmerksam gemacht. »Wenn ihr in dieser Gesellschaft leben wollt, müsst ihr einen Zugang zu ihrer Kultur bekommen.« Sie gehen gemeinsam ins Museum. Spielt das Theater um die Ecke ein neues Kinderstück, wird ebenfalls eingeladen. Entdeckt die Frau, eine begabte Hobbykünstlerin, dass ein Kind Talent zum Malen und Zeichnen hat, malt und zeichnet sie mit ihm. Läuft im Kino ein guter Film zu einem Thema, das aktuell breit diskutiert wird, werden türkische, aber auch deutsche Eltern angesprochen. »Ihr müsst mitreden können.« Unter Nachbarschaft verstehen sie die Nachbarn im Haus, Leute im Viertel, denen sie immer mal wieder begegnen, die Besitzer vom Laden um die Ecke. Nach dem gemeinsamen Besuch einer Veranstaltung wird diskutiert. Als neulich ein alleinstehender Mann im Haus starb, riefen sie die Hausnachbarn zur gemeinsamen Totenwache. »Das muss sein«, sagten sie, »Totenkultur ist in einer Stadt sehr wichtig.« Das erscheint ihnen nicht peinlich oder gezwungen, sondern normal. Mitmachen kann jeder, egal ob gläubig oder nicht, Christ oder Moslem. Der Mann sagt, er sei Agnostiker. Entscheidend sei doch die Geste. Fragt man das

Paar nach seiner Motivation, sagen sie: »Es kann doch nur eine Gesellschaft schön sein, in der die Menschen sich interessieren – füreinander und für Dinge, die wichtig sind.« Dann sagen sie noch, dass dies alles ein wenig Mut braucht. Vor allem aber braucht es natürliche, aufmerksame Freundlichkeit, Klugheit und Liebenswürdigkeit, gemischt mit etwas Beharrlichkeit. Die strahlen sie aus. Sie wollen lediglich ein bisschen mehr Gedanken, Interesse, Kultur, Niveau, Gemeinschaft, Sinn, aufmerksames Miteinander.

Ein anderes Beispiel des Zusammenkommens ist der »Salon«: keine neue Idee, sondern die Wiederauferstehung einer ziemlich alten. Menschen kommen zusammen und setzen sich mit einem literarischen, philosophischen oder auch theologischen Thema auseinander. Ich kenne zwei solcher Runden. Die Idee ist ganz einfach: Menschen haben ähnliche Interessen, lesen ähnliche Bücher, aber ihnen fehlt die Gelegenheit, sich mit anderen darüber auszutauschen. Bis eine oder einer die Initiative ergreift und Interessierte einlädt. Man verabredet die Lektüre eines Buches und kommt nach einigen Wochen bei einem Mitglied der Runde zusammen, um über das Gelesene zu sprechen und zu diskutieren. Das ist nicht sehr aufwändig und macht Spaß. Am Ende wird ein neues Buch ausgewählt und eine neue Lektürerunde startet, an deren Ende wieder jemand anderes aus der Gruppe zum Gastgeber des nächsten Treffens wird. Jede Lektüre ist möglich: Roman oder Sachbuch, Theologie oder Philosophie, natürlich auch Krimis – wie es gefällt.

RICHTEN SIE DOCH MAL EINE GEBURTSTAGSFEIER AUS!

Eine andere einfache Idee wird zum Beispiel vom Diözesanverband Köln der »Katholischen Jungen Gemeinde« (KJG) realisiert. Die Jugendlichen, ausgebildete und kreative Gruppenleiter, richten Geburtstagsfeiern für Kinder aus. Die Idee verlangt geradezu, nachgemacht und dabei variiert zu werden. In ärmeren Vierteln ist es für Familien schwierig, Familien- und Kinderfeiern durchzuführen. Entweder gibt es das Budget nicht her oder die Wohnung ist zu klein oder die Familien haben keine Übung und schämen sich, Gäste einzuladen. Geld für einen gemeinsamen Kinobesuch, den Besuch einer Kletterhalle oder der Gang in eine Sporthalle zum gemeinsamen Fußball oder Hockey ist nicht da. Den Geburtstag außerhalb der eigenen vier Wände zu feiern, ist nicht so einfach möglich. Verschenken Sie also einen Kindergeburtstag! Das kostet nicht viel. Vielleicht gibt es bei Ihnen eine Gruppe, die diese Idee toll findet. Oder bereits durchführt. Oder Sie gründen oder fördern selbst eine Gruppe und machen den Geburtstagsservice gleich zu Ihrer ureigenen Sache: mit zwei oder drei kreativen und verantwortungsbewussten Leitern, sinnvollen Spielen für die Kinder, einem einladenden Raum bei Ihrer Kirchengemeinde, in einem hergerichteten Keller oder gleich bei Ihnen in der Wohnung oder im Garten, dazu kindgerechte, leckere und gesunde Verpflegung, ein kleines Überraschungsgeschenk für das Geburtstagskind.

STIFTEN SIE DOCH MAL EINEN PREIS – DEN FÜR DIE INTELLIGENTE IDEE!

Der amerikanische Autor Jonathan Safran Foer lässt in seinem Buch »Tiere essen« seine jüdische Großmutter von ihrem verzweifelten Kampf erzählen, in der Hölle des Zweiten Weltkriegs zu überleben: »Am schlimmsten war es gegen Kriegsende. Viele Menschen starben noch am Ende, und ich wusste nicht, ob ich noch einen Tag überleben konnte. Ein Bauer, ein Russe, Gott schütze ihn, sah, wie es um mich bestellt war, ging in sein Haus und kam mit einem Stück Fleisch für mich zurück.« Sie hat es, obwohl es um ihr Überleben ging, nicht gegessen, berichtet Foer. Er kann kaum glauben, was seine Großmutter erzählt: Es sei Schweinefleisch gewesen, nicht koscher. Sie blieb lieber hungrig mit der Begründung: »Wenn nichts mehr wichtig ist, gibt es nichts zu retten.«

Es geht da, wo Sie wohnen, nicht in dieser dramatischen Weise ums nackte Überleben. Aber auch heute kann jeder überlegen: Was ist mir so wichtig, dass es gerettet wird? Wer soll außer mir noch ein gutes Leben haben? Wie sieht ein gutes Leben aus? Soll es Zusammenhalt und Solidarität weiterhin geben? Was kann ich dazu beitragen? Der Satz der bemerkenswerten Frau hat auch heute Bedeutung. Was ist wichtig?

Manchmal haben einfache Ideen eine große Wirkung. Das Problem ist allerdings, dass gute Ideen oft keine öffentliche Wirkung entfalten, weil nur wenige Menschen davon erfahren. Vielleicht können Sie zur Verbreitung beitragen. In vielen Städten und auch in der Kirche ist es inzwischen üblich, dass tolle ehrenamtliche Projekte ausgezeichnet werden. Die Personen werden geehrt, die Projekte werden damit bekannt. Stiften Sie doch einen Preis, der eine einfache intelligente Idee würdigt, die dazu beiträgt, dass im Kleinen etwas besser wird!

Der »Preis für die intelligente Idee« könnte in der Nachbarschaft, im Verein, für ein Viertel, ein Dorf, eine Kleinstadt ausgelobt werden. Die Idee ist, dass Sie sich auf die Suche nach Ideen machen, die das Allgemeinwohl, die Lebensqualität in Ihrem Sozialraum verbessern. Das muss nicht immer ein Riesenprojekt sein. Manchmal erfreuen kleine

Veränderungen viel. Ihre Aufgabe ist, dass man darüber spricht. Sie starten eine kleine Öffentlichkeitskampagne.

- Zum Beispiel darüber: Rentnerinnen und Rentner organisieren einen sicheren Schulweg für Erstklässler. Senioren werden zu Schülerlotsen.

- Es gibt eine »Blumenfee«, bei der verkrüppelte Pflanzen wieder aufgepäppelt werden, anstatt sie wegzuwerfen. Eine Art »Pflanzen-Heim«. Das habe ich selbst schon mal gesehen: Eine Frau stellt die Pflanzen in die Werkstatt ihres Fahrradladens, die sich inzwischen zu einer grünen Oase entwickelt hat. Und alle, die bei ihr etwas kaufen oder ein Fahrrad zur Reparatur abgeben, kommen aus dem Staunen nicht mehr raus.

- Der pensionierte Lehrer oder die Lehrerin halten sich bei Bedarf zur Nachhilfe an Schulen bereit – zum Beispiel, wenn ein Schüler, eine Schülerin einen Abschluss doch noch gegen alle Wahrscheinlichkeit schaffen soll. Sie suchen die ehemaligen Lehrer auf, sprechen mit ihnen, finden heraus, wie alles zu organisieren ist und wen man fragen muss. Vielleicht ermutigen Sie andere, genauso aktiv zu werden.

- Da gibt's den Schulhausmeister, der sich dafür eingesetzt hat, dass Kinder auch nachmittags noch auf einem schuleigenen Bolzplatz spielen dürfen, obwohl das eigentlich aus vielen Gründen nicht erlaubt ist. Jetzt geht es aber doch, weil er nach dem Rechten sieht, dafür sorgt, dass kein Müll zurückbleibt, mit der Stadt geredet, die Versicherungsfrage geklärt hat, denn er findet Bewegung für Kinder wichtig. Was im Vorfeld als ein bürokratischer

Hindernislauf erschien, erwies sich im Nachhinein als unproblematisch. Dadurch, dass Sie herausfinden, wie es geht, und diese Idee dann bekannt machen, findet sie Nachahmer.

- Eine Hausgemeinschaft hat im Keller einen Gemeinschaftsraum eingerichtet. Jetzt kann da gefeiert und gespielt werden. Alle haben etwas dazu beigetragen. Die Wohnungsbaugesellschaft übernimmt die zusätzlichen Stromkosten und hat bei der Isolierung mitgeholfen; einen großen Tisch und einen Einbauschrank stellte die Stadt aus einer stillgelegten Schule zur Verfügung. Sie recherchieren genau, wie das zustande kam und welche Menschen und Institutionen zusammengearbeitet haben. Sie finden, diese Idee ist eine Auszeichnung wert.

Vielleicht gibt es bei Ihnen einen Bürgerverein, bei dem die Fäden zusammenlaufen und der die Auszeichnung dann vornimmt. Vielleicht interessiert sich der Pfarrgemeinderat dafür. Vielleicht findet die Preisverleihung in einem Gottesdienst statt, warum nicht? Die Auszeichnung kann einmal im Halbjahr oder auch nur einmal im Jahr passieren. Das können eine Urkunde, ein kleiner Preis, vielleicht nur eine Kleinigkeit sein. Es geht um eine symbolische Wertschätzung für das, was dahinter steht: einzelne Menschen können für (viele) andere etwas tun. Mit Ihrer Initiative helfen Sie, etwas zu entwickeln, das heute vielleicht wichtiger ist denn je: eine Kultur des Lobes und der Wertschätzung. Auf jeden Fall können Sie Ihr Umfeld mit einbeziehen: Kindergärten, Schulen und Vereine. Es geht um den Sozialraum, das Wohnumfeld, in dem Sie ja auch leben. Sicher werden Sie auch einen Vorteil von dem haben, was Sie anstoßen. Und wenn es nur das Gefühl ist, selbst etwas Gutes getan zu haben.

SETZEN SIE SICH FÜR EINE DEMOKRATISCHE KULTUR EIN!

Im Herbst 2010 veröffentlichte die Friedrich-Ebert-Stiftung eine Studie mit dem Titel: »Die Mitte in der Krise. Rechtsextreme Einstellungen in Deutschland 2010«. Interessant sind darin unter anderem Erkenntnisse zur wachsenden Unzufriedenheit in der Bevölkerung, die zunehmend deren Mitte erfasst. Die Ursache hierfür sei auch in der zunehmenden Ökonomisierung politischer und gesellschaftlicher Prozesse seit den frühen 80er-Jahren zu sehen, als das in der Wirtschaft vorherrschende Autoritätsverständnis auf Politik und Gesellschaft übertragen worden sei. Die Autoren sprechen von einer »Landnahme der Ökonomie in allen gesellschaftlichen Bereichen«. Aus dem Primat der Wirtschaft leiten die Wissenschaftler eine Aggression gegen Schwächere ab, die letztlich auch in Rechtsextremismus zum Ausdruck komme: »Die ständige Orientierung auf wirtschaftliche Ziele – präziser: die Forderung nach Unterwerfung unter ihre Prämissen – verstärkt einen autoritären Kreislauf. Sie führt zu einer Identifikation mit der Ökonomie, wobei die Verzichtsforderungen zu ihren Gunsten in jene autoritäre Aggression münden, die sich gegen Schwächere Bahn bricht.«

Das hat auch Folgen für die demokratische Kultur in der Gesellschaft. Denn die für die Studie erhobenen Antworten zeichnen hierfür ein düsteres Bild: Mehr als 90 Prozent der Befragten halten es für sinnlos, sich politisch zu engagieren. Zwar liegt die Zustimmung zur Idee der Demokratie in Ost- und Westdeutschland bei über 90 Prozent. Allerdings sinkt, gefragt nach der Demokratie, wie sie im Grundgesetz festgeschrieben ist, die Zustimmung auf 73,6 Prozent. Mehr als die Hälfte der Bürger zweifelt an der aktuellen demokratischen Praxis in Deutschland: Die Zustimmung zur

Demokratie, wie sie in Deutschland konkret funktioniert, beträgt nur 46,1 Prozent.

Was kann man tun? Die Wissenschaftler raten zu einer »ernst gemeinten und tief greifenden Demokratisierung gesellschaftlicher Institutionen« – vom Kindergarten über Schulen und Universitäten bis zu den Unternehmen. Das ist auch ein Feld, in dem Sie tätig werden können, vielleicht sogar müssen.

- Sind Sie Vorsitzende oder Vorsitzender in einem Verein, in Ihrem Pfarrgemeinderat oder Kirchenvorstand oder in irgendeinem anderen Gremium? Denken Sie daran, frühzeitig Ihr Amt abzugeben, vorher junge Menschen in Ihr Leitungsgremium hineinzuholen und sie dafür vorzubereiten! Werden Sie Mentor für junge Menschen, die sich für das, was Sie in ihrem Gremium tun, interessieren. Machen Sie deutlich, warum diese Arbeit wichtig ist und wem Sie damit konkret nützen. Begeistern Sie junge Leute für demokratische Kultur. Feilen Sie am Leitbild und am demokratischen Profil Ihres Vereins oder Gremiums. Sorgen Sie dafür, dass junge Menschen dort selbstverständlich und gerne gesehen werden und trauen Sie ihnen frühzeitig etwas zu.

- Werden Sie Vereinsmitglied! Eine altmodische Idee? Aber eine Mitgliedschaft in einem Verein ist erst mal nicht sehr aufwändig und kostet meist nicht viel. Sie müssen ja nicht gleich für den Vorstand kandidieren. Aber Sie wissen: Gemeinsam erreicht man mehr als alleine. Auch stille Teilhabe ist Teilhabe. Allein durch Ihre Mitgliedschaft in einem Bürgerverein oder einem Viertelsverein zeigen Sie Ihre Zustimmung zu den Zielen der Wohnumfeldverbesserung. Und sofort ermutigen Sie dadurch andere, mit ihrer Arbeit nicht nachzulassen, sondern fortzufahren.

- Das Internet bietet einfache Möglichkeiten, sich einerseits über gesellschaftliche und politische Entwicklungen zu informieren und sich andererseits auch konkret einzumischen. Im Web 2.0, in den sozialen Netzwerken entstehen immer wieder neue Gruppen, die Interessen und Anliegen teilen und sich dazu vernetzen und austauschen. Gruppierungen und Vereine wie *www.campact.de* oder *www.avaaz.org* starten Internetkampagnen, wenn umstrittene soziale, ökologische oder ökonomische Themen auf die politische Agenda kommen. So können sich Menschen direkt in aktuelle politische Entscheidungen einmischen, zum Beispiel durch Unterschriften- oder E-Mail-Aktionen. Oder die Meinungen von Bürgerinnen und Bürgern zu bestimmten Themen erscheinen auf Großplakaten oder Zeitungsanzeigen. Mit nur wenigen Minuten Zeit in der Woche kann jeder seinen politischen Vorstellungen Ausdruck verleihen und selbst zum politischen Akteur werden.

»Warum sind nicht mehr Leute aus Trotz gut?«, hat Elias Canetti einmal gefragt. Damit meint er wohl den Trotz, sich mit dem Schlechten niemals abzufinden. Unter keinen Umständen.
Wenn nicht da, wo Sie leben – wo sonst?

Ihr Peter Otten

→ SCHLUSS

»Was wir alleine nicht schaffen,
das schaffen wir dann zusammen«
(Xavier Nadoo)

SCHLUSS MIT LUSTIG

Von Franz Meurer

Wenn auch der konservativ-moralische Ton seines Bestsellers (bald 800.000 Stück verkauft) manchem sauer aufstoßen mag, so hat ZDF-Anchorman Peter Hahne sein Büchlein doch genial betitelt: »Schluss mit lustig«.

Vorbei ist die frohe Zeit der achtziger, ja noch der neunziger Jahre, als es hieß: *citius, fortius, altius.* Immer mehr, immer schneller, immer weiter.

Natürlich auf Kosten anderer. Auf Kosten der Rohstoffproduzenten in fernen Ländern, der Natur, vor allem auch auf Kosten der für Billiglohn Arbeitenden in Bangladesh, Indonesien, auf den Philippinen. Aus dem Weltraum waren die vielen Partyzelte in deutschen Gärten erkennbar ... Allesamt auf der anderen Erdhalbkugel genäht und per Container um die halbe Welt geschickt. Die Party ist zu Ende.

Wie der Psychologe Stephan Grünewald vom Rheingold-Institut in seinem Buch »Deutschland auf der Couch« konstatiert, waren diese Jahre eine Zeit unter der Überschrift »Glücksmaximierung bei Vollkaskoversicherung«. Ein Leben wie im Hamsterrad, aber in überdrehter Erstarrung, meint Grünewald.

In vielen Tausend Tiefeninterviews haben die Forscher von

Rheingold erkannt, dass hinter dieser Fassade des *anything goes* Verunsicherung, Enttäuschung und Verwirrung verborgen sind. Kaum jemand begreift wirklich die Tücken einer globalisierten Welt.

Nur langsam kommt zu Bewusstsein, was Meinhard Miegel in seinem Buch »Epochenwende« so beschreibt: »Die Völker des Westens müssen lernen, sich in einem veränderten globalen Gefüge einzurichten. Sie müssen hinnehmen, dass sie die Welt nicht länger dominieren, sondern von nun an mit anderen zu teilen haben. Das bedeutet Verzicht. Zu glauben, die Habenichtse würden wie bisher tatenlos zusehen, wenn sich die Völker des Westens die Teller vollhäufen, ist wirklichkeitsfremd.«

Ein Filmtitel brachte es vielleicht am besten auf den Punkt: »Die fetten Jahre sind vorbei«.

OHNE MORAL GEHT ES NICHT

Was ist zu tun?

Roman Herzog plädiert für den Fortschritt per Hühnerfüßchen: »Der Ruck, den ich vor Jahren gefordert habe, ist möglich. Man muss ihn nur wollen. Und vor allem: Man muss hart daran arbeiten und etwas Geduld haben.«

Was er will, riecht nach den Tugenden der fünfziger Jahre. Bildung, Fleiß, Beharrlichkeit, Bereitschaft zum Vorangehen mit Versuch und Irrtum – dafür ist der Bundespräsident a.D. Eine Gefahr sieht er in der Überalterung der Gesellschaft in Deutschland: reformfreudig seien eher die Jüngeren. Und sollte die Wirtschaft nicht anspringen, führe nichts an öffentlicher Sparsamkeit vorbei. Zu Samuel Huntingtons *Clash of Civilisations* vertritt er die bisher ungewohnte These, dass bei allen Bemühungen um Entspannung Kriegsgefahr auch für Europa nicht auszuschließen sei. Militärische Vorkehrungen seien also klug.

Nach seinem Bestseller »Methusalem-Komplott« über die alternde Gesellschaft beschäftigt sich Frank Schirrmacher in seinem Buch »Minimum« mit der Frage, was nach der Rundumversorgung im Sozialstaat und jenseits der Staatsverschuldung folgt. Seine These: Funktionsfähige Beziehungsnetze geben Sicherheit, vor allem familiäre Bande. Familie und Freundschaft als die zentralen Ressourcen jedes Einzelnen und der Gesellschaft.

Wenn es wirtschaftlich enger wird, ist es gut, enger aneinander zu rücken. So banal sich das anhört, so richtig ist es. Die Mitwirkung der Bürger wird neu entdeckt. Freiwilligenagenturen gibt es nun allerorten. Ehrenamtspreise in vielen Städten. Eine »republikanische« Demokratie, so heißt es, setzt auf die Partizipation und gemeinsame Beratung der Bürger, auf gut Englisch *deliberation* genannt. Alle sollen mit anpacken.

Für die Kleinen Leute heißt das im Umkehrschluss: Geiz ist geil! Nimm mit, was Du kriegen kannst, und setze möglichst wenig dafür ein. Also die Illusion, dass alles bleiben kann, wie es ist, wenn nur der Pegel der Moral etwas sinkt, eben auf ein geiziges Niveau.

Es könnte ja auch noch weiter nach unten gehen, etwa auf die Ebene des fantasierten Wilden Westens: Der Starke ist am mächtigsten allein. Im Werbespruch etwa: *Take the best – forget the rest.*

Nun ist *Survival of the fittest* kein politisches Programm. Nach der »fürsorglichen Belagerung« durch den Sozialstaat mit fetten Wachstumsraten muss nicht der Rücksturz in eine Gesellschaft vor der Bismarck'schen Sozialversicherung folgen – auch wenn sich viele Menschen auf unserer Welt freuen würden, erst einmal so weit zu kommen.

Politisch geht es darum, die Verteilung der Ressourcen und der Chancen gerecht zu gestalten. Man muss nicht so weitherzig denken wie Johannes Rau, der – nach Hannah Arendt – Politik als angewandte Liebe zur Welt verstand. Doch ohne Moral geht es nicht.

Papst Benedikt XVI. schreibt in seiner ersten Enzyklika »Deus caritas est« (Nr. 28a): »Gerechtigkeit ist Ziel und daher auch inneres Maß aller Politik. Die Politik ist mehr als Technik der Gestaltung öffentlicher Ordnungen: Ihr Ursprung und Ziel ist eben die Gerechtigkeit, und die ist ethischer Natur. ... Dies ist eine Frage der praktischen Vernunft.«

Die praktische Vernunft weiß zu unterscheiden, was Sache des Staates, der Wirtschaft und der Zivilgesellschaft sein kann.

Jürgen Habermas sieht die gewohnte Arbeitsteilung zwischen den integrativen Mechanismen des Marktes, der regelnden Bürokratie des Staates und der Solidarität, die aus der zivilen Gesellschaft erwächst, nicht mehr im Gleichgewicht.

Wo weniger Staat die Menschen umsorgt, und die Wirtschaft nicht mehr scheinbar grenzenlos prosperiert, also Verzicht angesagt ist, braucht es aber mehr Solidarität.

WER SOLIDE STEHT, KANN ANDERE STÜTZEN

Das Wort Solidarität kommt vom französischen *solidaire*, was bedeutet: »wechselseitig in Haftung für das Ganze«. Im Deutschen kommt das Wort seit Beginn des 19. Jahrhunderts vor. Hintergrund ist das lateinische Wort *solidus*, es bedeutet fest, solide, echt. Die Formel des römischen Rechts *in solidum deberi* bedeutet Haftung als Gesamtschuldner. Solidarität bedeutet also gegenseitige Verantwortung. Und zwar nicht, wie oft missverstanden wird, als Anspruch auf Unterstützung. Sondern gerade umgekehrt als sittliche

Verpflichtung dessen, der stark, solide, fest ist, für die, die schwach, wackelig und instabil aufgestellt sind! Solidarität ist also eine moralische Bringschuld.

Solidarität kann man nicht verlangen. Man kann sie aber geben!

Die evangelische Theologin Dorothee Sölle formuliert pointiert die innere Pflicht zur Solidarität: »Wir haben Angst vor der Religion, weil sie deutet statt nur wahrzunehmen. Sie konstatiert nicht Hungernde, sondern deutet sie als unsere Geschwister, die wir verhungern lassen.«

Natürlich lässt sich die innere Verpflichtung, wechselseitig füreinander einzustehen, auch säkular formulieren, zum Beispiel mit der aus gutem Grund schon mehrmals genannten Weisheit: *It takes a village to raise a child.*

Seneca sagte: *Res sacra miser* – Ein Armer ist etwas Heiliges. In der Tradition des frühen Christentums kann die Solidarität mit Kranken, Armen und Obdachlosen als USP *(unique selling proposition),* also als Alleinstellungsmerkmal bezeichnet werden. Geordnete Nächstenliebe durch eine starke Gemeinschaft – das fanden die Leute sehr interessant und attraktiv.

Der französische Philosoph Emanuel Levinas sieht in der Hinwendung zum anderen gar die zentrale Chance der Existenz. »Philosophie« übersetzt er nicht als »Liebe zur Weisheit«, sondern als »Weisheit der Liebe«. Nur im Antlitz des anderen, so Levinas, spüre ich meine Existenz. Er geht sogar so weit zu formulieren, dass mein Leben dann Sinn findet, wenn ich mich dem anderen als Geisel anbiete. Der Raptus des Todes nimmt alles hinweg, was nur mein war, alles, was ich den anderen anvertraut, gesagt, mitgeteilt habe, ist schon jetzt Teil des Äons für immer. Dies ist sozusagen ein existenzial-philosophischer Zugang zur Solidarität.

Erstaunlich ist, dass viele Mystikerinnen und Mystiker der Religionen besonders die praktische Seite solidarischen Handelns betonen. So sagt eben Teresa von Avila: »Ob wir Gott lieben, wissen wir nie in unserem Leben ganz genau, ob wir unseren Nächsten lieben, merkt man jeden Tag.« Mutter Teresa von Kalkutta, ebenfalls praktische Mystikerin, formuliert den dialektischen Satz: »Die schlimmsten Krankheiten unserer Zeit sind nicht Aids, Lepra oder Krebs, sondern das Gefühl, unerwünscht zu sein, ungeliebt, von allen verlassen.«

Heruntergebrochen auf die reale Situation zum Beispiel Jugendlicher mit Migrationshintergrund in der Bundesrepublik, gewinnt der Satz traurige, häufige und alltägliche Bedeutung: sie fühlen sich zu Recht unerwünscht und alleingelassen und fordern zumindest Respekt.

WELTVERBESSERUNG BEGINNT HIER

In Köln hat die Zahl der jungen Menschen mit Hauptschulabschluss, die eine Lehrstelle finden, in den letzten Jahren weiter abgenommen! Die meisten kommen in eine Parkschleife, also in ein weiteres schulähnliches Trainingsprogramm, um sie »berufsausbildungsreif« zu machen. Gerne würden sie aber anpacken und sich abrackern in einer »echten« Firma! Für die meisten werden die Ausbildungschancen in einem Unternehmen oder einer Behörde auch nach der Parkschleife nicht besser.

Die 16. Shell-Jugendstudie »Jugend 2010« trägt den Untertitel: »Eine pragmatische Generation behauptet sich«. Bei der Studie 2006 titelten die Forscher: »Eine pragmatische Generation unter Druck«. Etwa 85 Prozent der jungen Menschen, so die Studie, haben die Arme hochgekrempelt und sind bereit, die Probleme in Wirtschaft und Gesellschaft anzupacken. Ja, sie sind davon überzeugt, dass sie ausbügeln können, was die Eltern ihnen eingebrockt haben! Dabei sind die Ansprüche realistisch, wie Klaus Hurrelmann, Koordinator und Mitautor der Shell-Studie, feststellt: »Man ist schon zufrieden, wenn man das Leben der Eltern reproduzieren kann.«

Bei den Wertorientierungen hat sich in den fünf Jahren seit der letzten Untersuchung der Wunsch der Jugendlichen nach guten Freunden und einem schönen Familienleben verstärkt: auf deutlich über 90 Prozent. Die Wertangabe »fleißig und ehrgeizig sein« zeigt den größten Sprung der Zustimmung: von 76 auf 83 Prozent.

15 Prozent der Jugendlichen kleben allerdings auf dem Fliegenfänger! Sie wachsen in den unteren Schichten auf und fühlen sich abgehängt von Bildungschancen und fairen Arbeitsverhältnissen. Traurig ist, dass viele von ihnen auch mit ihren Eltern unzufrieden sind, weil sie spüren, dass ihre Kinderstube nicht geeignet war, sie für den Bildungsaufstieg fit zu machen.

Der Soziologe Heinz Bude bringt das Schicksal dieser Gruppe mit dem Titel seines Bestsellers auf den Punkt: »Die Ausgeschlossenen«. Nicht Geldmangel ist das Schlimmste, sondern Exklusion, nicht dazugehören können. Während viele junge Frauen noch irgendwie die Kurve kriegen und sich in bescheidenen Verhältnissen einrichten, bleiben »verwilderte Jungmänner« (Heinz Bude) außen vor. Die Ansteckungsängste der bürgerlichen Schichten verstärken dann noch die Erfahrung, abgehängt und überflüssig zu sein. Die bürgerliche Angst vor Kontaminierung ist sicher auch ein Grund für den Verkaufserfolg des Buchs »Deutschland schafft sich ab« von Thilo Sarrazin.

»Respekt im Zeitalter der Ungleichheit« betitelte Richard Sennett sein Buch über die Entwicklung einer globalisierten Welt. Susan Sontag, Trägerin des Friedenspreises des Deutschen Buchhandels 2003, schrieb als letztes Buch vor ihrem Tod »Die Leiden anderer betrachten«. Hierin revidiert sie ihre frühere Meinung, dass das Anschauen der Bilder von menschlichem Leid mit der Zeit den Betrachter stumpf gegen das Leiden anderer mache. Für Menschen, die zur Solidarität erzogen, gebildet und entwickelt sind, ist auch der zehntausendste Blick auf ein Foto des Schreckens Anlass zur Reflektion.

Susan Sontag schreibt (S. 136): »Solche Bilder können nicht mehr sein als eine Aufforderung zur Aufmerksamkeit, zum Nachdenken, zum Lernen, dazu, die Rationalisierungen für massenhaftes Leiden, die von den etablierten Mächten angeboten werden, kritisch zu prüfen. Wer hat das, was auf dem Bild zu sehen ist, verursacht? Wer ist verantwortlich? Ist es entschuldbar?«

Weltverbesserung, auch im Kleinen, beginnt mit solchen Fragen. Und geht weiter mit der Frage: Kann ich etwas tun? Ist es sinnvoll, lokal zu beginnen? Think global, act local?

Ich weiß aus der Arbeit und dem Zusammenleben mit den Menschen in HöVi meine Antwort.

ZU DEN ABBILDUNGEN

S. 41 Joseph Beuys (1983), **Mensch**
Copyright und Vertrieb: Edition Staeck, 69010 Heidelberg, Postfach 10 20 63

S. 114 Edeltrud Marx / Karl Josef Klauer
Kimse benim kadar zeki değil I
Çocuklar için teşvik programı
Gefördert durch die gemeinnützige Stiftung Pro HöVi, Verlag Vandenhoeck
& Ruprecht, Göttingen 2010, ISBN 978-3-525-79026-7

S. 115, 117 u. 118 Edeltrud Marx / Karl Josef Klauer
Keiner ist so schlau wie ich I
Ein Förderprogramm für Kinder
Mit Illustrationen von Michael Bleyenberg
Verlag Vandenhoeck & Ruprecht, 3. Auflage, Göttingen 2010,
ISBN 978-3-525-79009-0, S. 40 und S. 54

VON DEN AUTOREN

Franz Meurer, Peter Otten, Silvana Becker (Hg.),
Ort Macht Heil
Ein Lese- und Praxisbuch über lebensraumorientierte Pastoral in Köln HöVi
(Höhenberg-Vingst)

Lit Verlag Berlin 2007,
ISBN 978-3-8258-8238-9, 294 S.

Franz Meurer, Jürgen Becker, Martin Stankowski,
Von wegen nix zu machen...
Werkzeugkiste für Weltverbesserer

Verlag Kiepenheuer und Witsch, Köln 2007,
ISBN 978-3-462-03795-1, 190 S.

Bibliografische Information der Deutschen Nationalbibliothek

Die Deutsche Nationalbibliothek verzeichnet diese Publikation
in der Deutschen Nationalbibliografie; detaillierte bibliografische
Daten sind im Internet über http://dnb.d-nb.de abrufbar.

FSC
www.fsc.org
MIX
Papier aus ver-
antwortungsvollen
Quellen
FSC® C014496

Verlagsgruppe Random House FSC-DEU-0100
Das für dieses Buch verwendete FSC®-zertifizierte Papier
Munken Premium Cream liefert Arctic Paper Munkedals AB, Schweden.

1. Auflage
Copyright © 2010 by Gütersloher Verlagshaus, Gütersloh,
in der Verlagsgruppe Random House GmbH, München

Umschlagmotiv: © Ivan Steiger, München
Druck und Einband: GGP Media GmbH, Pößneck
Printed in Germany
ISBN 978-3-579-06560-1

www.gtvh.de